《正义论》讲义

李 石 著

AN INTRODUCTION OF
A THEORY OF JUSTICE

中国社会科学出版社

图书在版编目（CIP）数据

《正义论》讲义 / 李石著 . —北京：中国社会科学出版社，2021.5
ISBN 978 - 7 - 5203 - 7462 - 0

Ⅰ.①正… Ⅱ.①李… Ⅲ.①《正义论》—研究 Ⅳ.①D081

中国版本图书馆 CIP 数据核字（2020）第 216686 号

出 版 人	赵剑英
责任编辑	赵 丽
责任校对	赵雪姣
责任印制	王 超

出　　版	中国社会科学出版社
社　　址	北京鼓楼西大街甲 158 号
邮　　编	100720
网　　址	http://www.csspw.cn
发 行 部	010 - 84083685
门 市 部	010 - 84029450
经　　销	新华书店及其他书店
印　　刷	北京明恒达印务有限公司
装　　订	廊坊市广阳区广增装订厂
版　　次	2021 年 5 月第 1 版
印　　次	2021 年 5 月第 1 次印刷
开　　本	710 × 1000　1/16
印　　张	16.25
字　　数	219 千字
定　　价	69.00 元

凡购买中国社会科学出版社图书，如有质量问题请与本社营销中心联系调换
电话：010 - 84083683
版权所有　侵权必究

纪念约翰·罗尔斯《正义论》出版五十周年！

约翰·罗尔斯诞辰一百周年！

序 一书一世界

李 石

2002年11月24日,当代最伟大的政治哲学家、美国学者约翰·罗尔斯与世长辞。全世界的学术同人,甚至普通民众对此都感到万分惋惜。当时,我正在清华大学哲学系攻读伦理学硕士。听到这一消息,心中未免遗憾惆怅。尤其是一想到,我刚排除万难从化学专业转入自己钟爱的哲学专业,政治哲学的当代伟人就离我们而去,就更觉悲伤。然而,令人庆幸的是,罗尔斯对当代学术和政治社会的影响并没有随着其生命的逝去而有丝毫的减弱。近五十年来,罗尔斯撰写的包括《正义论》在内的多种学术著作一版再版,并被不断地翻译成世界各国的语言;在哲学、政治学、经济学、法学等学术研究领域,与罗尔斯正义学说相关的二手文献变得浩如烟海;罗尔斯的正义理论成为世界各知名大学课堂上教授的重要课程,其最重要的著作《正义论》成为学生们人手一本的必读书目;而且,不仅在学术界和课堂里能听到罗尔斯的声音,在更广范围的政治社会领域——在各国政要的演讲中,在改革者的申辩中,在普通民众的谈论里,无时无刻不在重复着罗尔斯为社会弱势群体所做的辩护。

在越来越多的人开始关注和接受罗尔斯的正义理论的同时,也有越来越多的人对这种戏剧性的"罗尔斯热潮"感到困惑:一个深居简出的学者为什么会引发这么多的关注，他在书里到底做了什么惊世骇俗的论断？《正义论》是罗尔斯最著名也是最重要的著作。然而，这本书非常难进入，即使对于专业的哲学研究者，阅读此书大概也并不是一件轻松愉快的事。这也增加了罗尔斯的神秘色彩。于是，专业的研究者们人人都说自己读懂了罗尔斯，但互相之间却争论不休；业余爱好者们人人都买了一本《正义论》，却发现根本读不懂。

我是从 2012 年开始在中国人民大学开设"《正义论》原典选读"课程的，在那之前，我也经历了逐字阅读的痛苦。但是，当我把这种阅读搬到课堂上，在一种讨论和争辩的氛围中来阅读和学习此书时，我和我的学生们却觉得豁然开朗。罗尔斯缜密的思索、审慎的语言、精巧的结构、难以驳倒的论证，甚至小小的瑕疵都在我们面前明晰起来。用一种形象的说法来描述这种阅读体验，那就是：罗尔斯就像一位经验丰富的建筑师，将我们带到人类社会这座宏伟的大厦面前，用激光笔向我们展示着这座大厦的基本结构，尤其是那些支撑辉煌的上层建筑的坚固根基，并设想建造国家这座宏伟建筑的各种可能性。罗尔斯不厌其烦地向我们解释，哪些根基是不能随意改动的，哪些部分是要重点加强的，以及为何要如此设计的原因。《正义论》是罗尔斯建造理想社会的宏伟蓝图。在这里，最重要的是：这个蓝图并不是纯粹理想化的，而是在实实在在的地面上建造理想社会的蓝图。用罗尔斯的话来说，这是一个"现实的乌托邦"（a realistic utopia），是一个我们有可能在现实的、不完满的人类社会中实现的理想。

"《正义论》原典选读"课程不仅建立在共同阅读的基础上，也以对话和辩论的形式不断深化课程参与者对于罗尔斯思想的理解。"对话"（dialogue）是源自古希腊的一种寻求真理的方式。在西方思想的源头，柏拉图就以大量优秀的作品充分展示了这种学术探究方式的魅力。"对话"在历代学者不断的磨砺中最终成为了被黑格尔和马克思所推崇的研究方法——"辩证法"。在"《正义论》原典选读"课堂上，我们试图还原"辩证法"的原始风貌，站在对立的两方，以辩论的方式"逼问"出关于社会正义的真理。"自由和平等，哪一个更重要？""正义的社会分配是否允许再分配？"这些问题是罗尔斯与其最重要的学术对手罗伯特·诺奇克争论的焦点。在对这些问题的辩论中，罗尔斯的思想不断得到澄清。或者接受，或者反对，每个人都不再人云亦云，而是有了自己的理由。

"独乐乐，不如众乐乐。"我非常想和更多的朋友分享我和我的学生们的阅读体验，这也正是撰写此书的初衷。本书的写作遵循如下原则：以简单的语言呈现复杂的哲学思想。我想，哲学家们在表达上通常有一个弱点，这就是将复杂的东西讲得更复杂。这或许并不是有意地卖弄玄虚，而是哲学家们脑子里瞬间出现的论证细节太精致、太复杂，不便于人们理解。本书以任何专业的大学本科学生为潜在的阅读对象，力图以简单明白的表达方式将复杂的哲学论证讲清楚。这样的写作必然会遗漏许多微妙精巧的理论设计，但却不会让初学者只见树木而不见森林。我相信这是最有效的开始阅读《正义论》的方式，也是罗尔斯开始思考正义问题的真实的方式。这就像建房子一样，先打地基、建造出房子的基本结构，然后才会具体考虑每间房子的装修和家具的摆放。如果地基还没打好，就开始考虑配什么样的家具，那么，这个房子大概是建不成了的。而且，我相信，那些在读过了这本讲义之后，仍然对罗尔斯的正义学说充满好奇和疑问的人们，一定会寻着本书勾勒出的脉络，借助更多的文献资料，自己补齐那些缺失的精巧。

常言道，半部《论语》治天下，《正义论》大概也是一本配得上如此评价的著作。一书一世界，罗尔斯缜密的大脑里那些反复论证的理论设计，以及罗尔斯的批评者们层出不穷的建议和意见，为我们展现了通往理想世界的现实之路。我在阅读和教学之余，也非常希望能与更多的读者分享这座智识宝库。只可惜，我才疏学浅，行文记述挂一漏万，不足之处还请各位读者海涵。

2021 年 1 月于北京从心阁

目 录

1	第一讲	作为公平的正义
3	一	罗尔斯与《正义论》
7	二	社会制度的首要美德
12	三	正义的环境
15	四	公平与正义的关联
21	第二讲	原初状态
23	一	自然状态的特征
28	二	"无知之幕"与公平的签约状态
31	三	签约各方的理性
35	四	两种道德能力
37	五	反思平衡
41	第三讲	正义原则的表述
44	一	平等的自由原则
47	二	公平机会的平等
50	三	差别原则
51	四	第二个正义原则的四种解释
57	五	民主的平等
61	第四讲	正义原则的选择
63	一	正义原则与形式限制

66	二	对两个正义原则的推导
70	三	平均功利原则
76	四	排除古典功利原则
80	五	排除完善原则和混合原则

87	**第五讲**	**优先规则**
90	一	何谓"优先规则"
94	二	有关自由优先的争论
98	三	"差别原则"破坏了"自由"的"优先性"

103	**第六讲**	**程序正义**
106	一	程序正义应遵循的道德原则
110	二	程序正义的种类
113	三	纯粹程序正义在《正义论》中的应用
115	四	形式正义和实质正义
117	五	形式正义与程序正义的区别
120	六	程序正义与实质正义的一致性

123	**第七讲**	**理性的善**
126	一	两种善理论的划分
128	二	善的定义
130	三	理性生活计划
136	四	从弱理论到强理论
138	五	应用于个人的正当原则
141	六	善与正当的关系

145	**第八讲**	**正义的制度**
147	一	制度构建的四个阶段
150	二	平等的参与原则

153	三 法治的准则
156	四 公共部门与公共利益
159	五 政府的五个部门
163	**第九讲 正义感与制度的稳定性**
165	一 何谓正义感
170	二 政治制度的稳定性
174	三 正义感作为一种公共知识
177	四 自然义务与道德教育
181	**第十讲 非理想理论**
183	一 理想理论与非理想理论
185	二 服从不正义法律的义务
188	三 公民不服从的宪法理论
194	四 良心拒绝及其证明
199	**结语 站在学术史的转折点上**
202	一 从分析哲学到政治哲学
204	二 罗尔斯对直觉主义的继承与超越
209	三 从功利主义向社会契约论的回归
215	**附录一 罗尔斯正义理论中"rational"与"reasonable"含义及翻译辨析**
227	**附录二 《正义论》迷你词典**
246	**参考文献**

第一讲
作为公平的正义

罗尔斯与《正义论》
社会制度的首要美德
正义的环境
公平与正义的关联

作为公平的正义

《正义论》是美国当代最著名的政治哲学家约翰·罗尔斯最重要的著作。这本书阐发了"作为公平的正义"的理论，试图为人类合作体系确立分配权利和义务、利益和负担的原则。在西方政治思想的理论脉络中，罗尔斯站在社会契约论的立场，批评功利主义，重申自由和权利的优先性。《正义论》一书的出版使分配正义成为近五十年来西方政治哲学讨论的核心问题。罗尔斯开创的许多论题成为学术界争论的焦点，这其中包括：原初状态、无知之幕、程序正义、基本善、最大最小原则，等等。这些重要概念正像一个个承重的支点，相互连接，最终构建出一座正义理论的宏伟大厦。在罗尔斯之后，政治哲学的研究者们前赴后继，不断创造出新的分配正义理论。与此同时，《正义论》一书不仅在理论界产生了巨大的影响，还在某种程度上塑造了政治现实。今天，以弱势群体利益为指标重新审视社会制度的安排，已成为世界各国政治生活中不容忽视的政治立场。

一 罗尔斯与《正义论》

约翰·罗尔斯（John Rawls，1921—2002）于 1921 年 2 月 21 日出生于巴尔的摩，家里人都叫他杰克（Jack），他在家中排行老二。罗尔斯的父亲威廉·李（William Lee, 1883—1946）是一名律师，母亲安娜（Anna Abell Rawls, 1892—1954）曾积极参与妇女竞选活动。杰克自幼被母亲积极争取妇女权利的精神所感染，萌发了最初的正义感。①

成年之后，罗尔斯于1939年进入普林斯顿大学学习。罗尔斯曾尝试过许多学科，包括化学、数学、音乐、艺术史等。最后，他选定哲学作为自己终生钻研的科目。对罗尔斯影响最大的哲学启蒙老师是后来曾任美国哲学学会主席的马尔科姆。马尔科姆曾在英国剑桥大学与维特根斯坦相识并受其影响。这种分析哲学的影响也明显地出现在罗尔斯的哲学风格中。1943年罗尔斯获得学士学位，并于同年参军入伍，被派往太平洋战区服役两年。

在近三年的军旅生涯中，罗尔斯曾因出色的监听工作而被授予铜星勋章；在太平洋战区时，罗尔斯也曾晋升到中士头衔，但后来又因为他拒绝惩罚一位曾冒犯过中尉的士兵而被降回到二等兵；直到他在1946年退役之时，罗尔斯仍然是一名二等兵。

1946年初，罗尔斯回到普林斯顿大学，继续研究生阶段的哲学学习。其间，罗尔斯曾到康奈尔大学学习了一年。当时，马尔科姆正在那里讲授维特根斯坦。1948年，罗尔斯回到普林斯顿，并在沃尔特·斯台斯（Walter T. Stace）的指导下完成了博士学位论文。罗尔斯的博士学位论文讨论性格评价的问题，并且发展出了一种类似于他后来提出的"反思平衡"的反基础主义的程序。②

罗尔斯在完成博士学位论文的那一年的年末遇见了他未来的妻子玛格丽特（玛蒂）·沃菲尔德·福克斯（Margaret Warfield Fox）。玛蒂当时在布朗大学学习艺术和艺术史。他们于第二年结

---

① 参见［美］涛慕思·博格《罗尔斯：生平与正义理论》，顾肃、刘雪梅译，中国人民大学出版社2010年版，第5页。
② ［美］涛慕思·博格：《罗尔斯：生平与正义理论》，顾肃、刘雪梅译，中国人民大学出版社2010年版，第5、13页。

婚。婚后玛蒂积极参与罗尔斯的学术研究，曾帮助其进行文字校对和润色编辑等工作。在长达半个多世纪的婚姻中，玛蒂与罗尔斯始终相伴，并共同养育了四个孩子。

1950年至1952年，罗尔斯在普林斯顿大学任讲师，在这期间罗尔斯对与政治哲学相关的经济学问题产生了浓厚的兴趣，先后参与或组织了几个与经济学的哲学分析相关的研究小组。在这期间，罗尔斯还结识了从牛津大学到普林斯顿的访问学者厄姆森（J. O. Urmson），并从他那里了解到包括奥斯汀（J. L. Austin）、以赛亚·伯林和黑尔（R. M. Hare）等重要哲学家在内的英国哲学的最新进展。在厄姆森的建议下，罗尔斯决定到英国访学。也正是在英国访学期间，罗尔斯开始构思自己的正义理论。

从英国回来之后，罗尔斯曾任教于康奈尔大学，并于1956年晋升为终生教职的副教授。1959年，麻省理工向罗尔斯提供了一份终身教职，罗尔斯接受了这一邀请，并协助学校组建科学史和科学哲学领域的人文学科分支。1962年，罗尔斯接受哈佛大学的邀请到哈佛大学哲学系任教。从那时起，罗尔斯一直在哈佛大学进行教学科研工作，直至1991年退休。退休之后，罗尔斯偶尔还会给学生们讲课，一直持续到1995年。

在哈佛大学任教和研究期间，尤其是1962年至1971年这十年，罗尔斯将其主要精力集中在《正义论》一书的写作和讨论上。他将《正义论》一书的写作和教学结合起来。他曾以《正义论》一书的文本作为课程讨论的蓝本，还曾将稿子发给学生们讨论。可以说，正是这种治学态度，成就了《正义论》这部伟大的著作。

在哈佛大学任教期间，一些现实的政治问题激发了罗尔斯对正义理论的思考，对政治现实的反思是罗尔斯构建正义学说的初衷。一是，20世纪六七十年代，美国社会经济不平等以及政治不平等的加剧。罗尔斯认识到，美国政治的运作方式，允许有钱人和大公司通过捐助政党和政治组织的方式去掌控政治竞选，导致财富分配的不平衡很容易变成政治影响。① 在这种政治体制下，人们之间的经济不平等很容易转化为政治不平等，而政治不平等又反过来加剧经济不平等。二是，当时美国正陷入越战的泥沼之中，人们开始反思美国加入这场战争的理由和方式。罗尔斯深切地体会到，对于一种不正义的战争，"培养一个理解和尊重公民不服从及良心拒绝的公共文化非常重要"。② 可见，现实政治中的紧迫问题激发了罗尔斯对正义问题的思考。值得一提的是，罗尔斯还曾亲自参与过反对越战的抗议活动。当时，美国的兵役是强制性的，但政府的相关政策允许一些学业成绩优秀的学生免服兵役。由此，大学教授实际上拥有了决定学生是否服兵役的权力。罗尔斯认为这项政策没有公平地对待所有人，多次在教职工大会上对这一政策表示反对。他还与哈佛大学哲学系和政治学系的其他七位教授共同提议，以更为公平的抽签方式决定入伍的人选。③ 从这个事例我们可以看出，罗尔斯并不是一心只读圣贤书、不问国事的书斋学者，而是一个极富正义感、心怀天下的知识分子。

1971年，罗尔斯的《正义论》出版。这本书是在他十几年间发表的几篇重要文章的基础上形成的。这些文章包括：《作为公平的正义》（1958年）、《分配的正义：一些补充》（1968年）、《先发的自由和正义的观念》（1963年）、《正义感》（1963年）、《非暴力反抗的辩护》（1966年）、《分配的正义》（1967年）。1975年，罗尔斯在当年出版的《正义论》德文版中做出修订，其后就没有再对《正义论》进行过更多的修订。在1975年的修订中，罗尔斯对"自由优先"的论证以及对"基本善"的解释进行了修订，

---

① 参见［美］涛慕思·博格《罗尔斯：生平与正义理论》，顾肃、刘雪梅译，中国人民大学出版社2010年版，第19页。

② ［美］涛慕思·博格：《罗尔斯：生平与正义理论》，顾肃、刘雪梅译，中国人民大学出版社2010年版，第19页。

③ 参见［美］涛慕思·博格《罗尔斯：生平与正义理论》，顾肃、刘雪梅译，中国人民大学出版社2010年版，第20页。

而其正义理论的基本结构和论证都延续了初版《正义论》的论述。1996年，罗尔斯出版《政治自由主义》，对自己的正义理论进行了进一步的反思和修正，将自己的正义理论理解为一种"非整全的学说"，是价值观念各异的各方在政治层面达成的"重叠共识"。1999年罗尔斯出版了《万民法》一书，重点讨论此前没有深入探讨的国际领域的正义问题。2001年，罗尔斯出版了生前最后一部著作《作为公平的正义——正义新论》，这本书是在罗尔斯回应《正义论》所受到的各种批评而写的几篇文章的基础上形成的，罗尔斯试图通过这本书以一种融贯的方式重新阐述自己的正义理论。

正义问题是贯穿罗尔斯整个学术生涯的主题，而在罗尔斯所有与正义问题相关的学术著作中，《正义论》是最重要的一部。因此，本书对罗尔斯正义理论的讨论将聚焦于《正义论》一书，**具体将参考初版及修订版《正义论》的中英文版本。讲义中的原文引文标注的是英文（修订版）**[①] **的页码。**

二　社会制度的首要美德

在西方两千多年的思想传统中，"正义"一直是一个极为重要的概念，在伦理学、政治学和法学等领域发挥着重要作用。无论是在现实的社会生活中，还是在抽象的理论层面，"正义"都是一个重要的价值判断标准。在古希腊城邦中，人们将"正义"作为四种最重要的美德[②]之一。那时，正义既可以指个人的行为、决定、判断，也可以用来评价一个社会的政治制度、法律、政策，等等。

[①] 具体文献信息为：John Rawls, *A Theory of Justice*, The Belknap Press of Harvard University Press Cambridge, Massachusette, 1999。

[②] "希腊四主德"是古希腊哲学家经常讨论的四种美德，分别是节制、勇敢、谨慎和正义。

然而，在罗尔斯的《正义论》中"正义"的对象仅限于社会的基本结构、政治制度、法律和政策，不再包括个人行为。这反映了"正义"一词用法的古今演变。这种演变的根本原因在于古今政治理论的区别。在古代，政治理论是建构在道德哲学基础上的。也就是说，只有当个人的行为符合相应的规范，国家的秩序才可能是正义的。这种政治秩序对个人价值观念的要求在17世纪的英国哲学家托马斯·霍布斯（Thomas Hobbes）之后被打破。从霍布斯开始，国家的政治秩序不再为人们树立崇高的价值追求，而仅仅设置一种底线要求，这种底线要求就是"不要侵犯他人的权利"。在霍布斯所开创的现代政治理论中，个人行为和个人价值的追求是每个人的自由，社会、国家和政府都不应过多干涉和限制。由此，"正义"一词的适用范围也发生了变化。一方面，对于人们的行为，不再以"正义"作为价值判断的标准，只要人们的行为不会侵犯他人的权利，那就应该被允许；另一方面，对于国家的政治制度来说，这个制度应该平等地对待所有的社会成员，维持不同群体之间的公平，而这正是"正义"对社会制度提出的要求。正是在上述意义上，罗尔斯宣称，正义是社会制度的首要美德。

在《正义论》的开篇，罗尔斯就写下了后来被引用最多的那段豪迈的政治宣言："正义是社会制度的首要美德，正像真理是思想体系的首要美德一样。一种理论，无论它多么精致和简洁，只要它不真实，就必须加以拒绝或修正；同样，某些法律和制度，不管它们如何有效率和安排有序，只要它们不正义，就必须加以改造或废除。"（p.4）在罗尔斯看来，对于社会制度的评判来说，正义是不容妥协的。事实上，对于一种社会制度的评判，可能有许多价值标准。除了正义之外，效率、社会整体的福利、稳定性等也时常是必不可少的考虑因素。但是，罗尔斯认为，正义是处在优先位置的价值判断。一种社会制度只有首先满足了正义的要求，才可以考虑效率、稳定性、福利等其他问题。

"正义是社会制度的首要美德"这句话不仅突出了正义这一价值判断的优先地位，而且对正义问题的主题进行了限定。罗尔斯将社会制度，或者说社会基本结构作为正义问题的讨论对象。罗尔斯论述道："正义的首要主题是社会的基本结构（the basic structure），或更准确地说，是社会主要制度分配基本权利和义务，决定由社会合作产生的利益之划分的方式。所谓主要制度，我的理解是政治宪法和主要的经济和社会安排。这样，对于思想和良心自由的法律保护、竞争市场、生产资料的私人所有、一夫一妻制家庭就是主要社会制度的实例。"（p.6）罗尔斯之所以将正义的主题限定为社会基本结构，其根本原因在于，社会基本结构将在很大程度上决定处于不同位置（position）的社会成员的生活前景。例如，一个出生在偏远地区贫困家庭的孩子和一个出生在城市富裕家庭的孩子，他们的生活前景会有很大的不同。对这些"不平等"起决定性作用的是这个社会的立法机制、市场经济、所有权制度、婚姻制度等。因此，维护正义的关键在于对社会基本结构的规定，这才是正义学说的主题。在讨论的范围上，罗尔斯将自己的讨论限定在国内政治的领域，声称其正义学说不考虑国际法和国际关系的正义问题。但事实上，《正义论》一书对国际领域的正义问题还是有所涉及。罗尔斯在第58节讨论"良心拒绝"时，涉及这个问题。当然，罗尔斯对于国际领域的正义问题的深入而系统的讨论是在1999年出版的《万民法》① 一书中。

那么，罗尔斯所说的正义是什么意思呢？罗尔斯将人类社会看作一个"合作冒险"体系。在这个体系中，人们之间既有利益的一致，也有利益的冲突。一方面，人们通过分工合作而创造出共同

---

① 《万民法》一书源自1993年罗尔斯在牛津大学所做的同名讲座。1993年，该讲演稿被整理出版。其后，罗尔斯又对这一讲演稿进行了补充和修订并形成《万民法》一书，并于1999年出版。

的物质财富和精神财富;另一方面,人们需要对这些共同的劳动成果以及维持这种合作关系而需要承担的负担进行划分。而且,每个人都希望从劳动成果的划分中获得较大的份额,同时在责任的分担中付出较小的份额。于是,人们之间的关系从生产过程中的相互配合转变为分配过程中的利益冲突。正是在这样的情境下,正义的概念派上了用场。在罗尔斯的学说中,所谓"正义"就是一种在人类合作体系中划分基本的权利和义务、利益和负担的原则。罗尔斯认为,不论人们的价值观念是怎样的,也不论人们各自的利益所在,人们都会对下述问题达成一致,"他们需要,他们也准备来确定一系列特定原则来划分基本的权利和义务,来决定他们心中的社会合作的利益和负担的适当分配"。(p.5)

罗尔斯在《正义论》一书中第一次阐明了正义的"概念"(concept)与"观念"(conception)之间的区别。所谓正义的"概念"就是一种划分基本的权利和义务、利益和负担的原则。毫无疑问,每个人对于正义原则应该是什么都有自己的看法,可能出现各种各样的主张。罗尔斯将人们所持有的关于正义的不同看法称为每个人的"正义观"。所以说,正义的"概念"是唯一的,而正义的"观念"却是杂多的。每个人对于"正义"的理解不同,最终形成的"正义观"也不同。罗尔斯的观点——正义的概念是唯一的——受到了20世纪50年代关于有多少种自由概念之争论的影响。这一争论是由英国思想家以赛亚·伯林(Isaiah Berlin)的著名演讲《两种自由概念》所引发的。在自由概念的问题上,罗尔斯赞同麦卡勒姆(Gerald, C. MacCallum)对伯林的批评,主张只存在一种自由概念。[①] 类似地,罗尔斯认为正义的概念也是唯一的,只是人们对这一概念的具体内容可能存在不同的看法。

---

① 参见 Gerald, C. MacCallum, "Negative and Positive Freedom", in *Philosophical Review*, Volume: 76, 1976, pp. 312–334.

在此，罗尔斯引入了"公共的正义观"（public conception of justice）的概念。罗尔斯认为，虽然存在不同的"正义观"，但经过不断的辩论与反思，人们能在一定限度内，达成某种对于"正义"原则是什么的共识。而且，"当一个社会有效地受到一种公共的正义观调节时，它就是一个良序社会（Well-ordered society）"。(p.4)罗尔斯从两个方面阐述了公共的正义观与良序社会之间的关系：（1）每个人都接受，也知道别人接受同样的正义原则；（2）基本的社会制度普遍地满足，也普遍为人所知地满足这些原则。举例说明，如果"助人为乐"是"公共的正义观"的内容，那么，这就意味着：（1）每个人都愿意在不严重损伤自身利益的情况下帮助他人；（2）人们知道其他人在自己需要帮助时，在不严重损伤其利益的情况下会提供相应的帮助；（3）其他人也知道他们在同样情况下也会得到相应的帮助；（4）"助人为乐"这条原则得到社会制度的普遍支持（扶起老人而被讹诈的情况是小概率事件）。也就是说，"助人为乐"这种正义观在社会中成了一种公共的知识，而且能够很好地调节这个社会的秩序。公共的正义观所调节的社会就是一个"良序社会"。

罗尔斯的正义学说正是在"良序社会"的范围内展开的。罗尔斯在构建自己的正义学说时假定："每个人都在符合正义地行动，在支持正义的制度中尽他的职责。"（pp.7-8）这是一个理想的正义社会，其中每个人都严格遵循正义原则的要求。这在罗尔斯的正义理论中被称为理想理论与严格服从（strict compliance）部分。作为理想理论的延伸，罗尔斯也讨论了正义学说的非理想理论。在非理想的社会中，可能存在各种不正义的现象。因此，非理想理论主要研究人们应如何应对不正义的问题。对于不正义的制度和法律，人们并没有完全服从的义务，而只是部分服从（partial compliance）。非理想理论包括惩罚理论、正义战争理论、反对不正义政权的各种方式的证明等。非理想理论和部分服从也是罗尔斯正义学说的组成部分，但是，罗尔斯讨论非正义问题的方式是：第一，确立一个理想的正义社会的模型；第二，讨论在偏离正义社会模型的情况下，人们应该如何依据正义观念去行动。因此，在罗尔斯的正义学说中，理想理论是正义学说的基础，而非理想理论是理想理论的例外情况。

三 正义的环境

罗尔斯将"正义"作为社会制度的首要美德，对于这一立场，学术界并非没有争议。例如，美国当代学者迈克尔·桑德尔就认为，不能说正义是社会制度的首要美德，"正义仅在那些被大量分歧所困扰的社会才是首要的"。[①] 实际上，如果一个社会的物质极大丰富，或者人们之间时时相互关爱，就没有必要建构任何原则以分清"你的"和"我的"。那时，正义的问题就不会出现，而主导人们之间关系的美德将是"仁慈""友爱"等这类具有更高道德价值的德性。罗尔斯也注意到了这个问题，罗尔斯将正义作为社会制度的首要美德，认为正义就是对人类合作所产生的利益和负担的划分。但是，罗尔斯并不认为正义原则在任何情况下都适用。在罗尔斯看来，只有当人们之间的合作"可能而且必须"的时候，才会出现正义的问题。在推导出正义原则之前，罗尔斯首先从主观和客观两个方面对正义问题出现的"环境"进行了规定。

罗尔斯对正义的环境的讨论借鉴了休谟的经验主义观点。休谟在《道德原则研究》一书中将正义作为一种"警戒性和防备性的德性"，认为在两种情况下正义都不会有用武之地：第一，当大自然赋予人们的物产和财富极大丰富时，正义对于规范人们之间的关

---

① ［美］迈克尔·桑德尔：《自由主义与正义的局限》，万俊人等译，译林出版社2011年版，第46页。

系来说是没有意义的。这时，人们不需要任何努力和争取就可以轻易地满足自己的需求，人们不需要相互合作以应对自然界的艰险和困难，也不会因为有限的资源而相互争斗。第二，当人们之间充满仁慈和温情、相互关爱时，正义就失去了作用。休谟认为，在第二种情况下，"正义的用途将被这样一种广博的仁爱所中止，所有权以及责任的划分和界限也将不被想到"。①

基于休谟所论述的这两点，罗尔斯将正义的环境归结为客观和主观两个方面，这就是客观环境中的"中等匮乏"条件，和主观环境中的"相互冷淡"条件。在客观环境方面，罗尔斯认为，许多人生活在一个特定区域，他们在自然和精神方面的能力都大致相同。同时，在人们生活的大部分领域都存在"中等匮乏"。所谓"中等匮乏"（Moderate Scarcity）指的是："自然的和其他的资源并不是非常丰富以致使合作的计划成为多余，同时条件也不是那样艰险，以致有成效的冒险也终将失败。"（p.110）也就是说，物质条件的限制使得人们必须而且也能够合作。人们之间需要通过合作以谋生存，同时合作可以让人们获得足够的资源以生活下去。各种资源的"中等程度的匮乏"保证了人们合作的必要性和可能性。可想而知，只要人类社会还没有进步到"物质极大丰富"的程度，"中等匮乏"的条件就是成立的。

对于主观环境，罗尔斯认为：一方面，所有人都有大致相近的需求和利益；另一方面，人们的生活计划又各自不同，并且人们是"相互冷淡"（Mutual Disinterestedness）的。所谓"相互冷淡"指的是：人们只对自己利益的绝对数值感兴趣，想要最大限度地增加自己的利益，而对于自己利益与他人利益的比较并不感兴趣。如此假设的人是既没有"妒忌心"也没有"仁爱心"的。他既不特别

---

① ［英］大卫·休谟：《道德原则研究》，曾晓平译，商务印书馆2004年版，第36页。

希望别人得到的比自己少，也不愿为了别人而牺牲自己的利益。罗尔斯认为，"相互冷淡"与利己主义并不是一回事。利己主义者只关心自己的某种利益，例如，财富、威望、权力等。"相互冷淡"则被理解为对他人利益不感兴趣的个人。（p.12）在罗尔斯看来，一方面，正是因为人与人之间保持相互冷淡，个人只为自己的利益去争取，才会提出相互冲突的要求，而正义也才有用武之地；另一方面，将人们设定为"相互冷淡"的，没有提出"关爱""仁慈"这样更高的道德要求，并不是否认人们普遍存在这样的道德倾向，而是要为人们的行为划出道德底线。换句话说，"正义"向人们提出了最低的道德要求，人们的行为不能超越正义原则所划定的界限，相关的制度安排可以强迫人们执行这种底线要求。至于那些道德价值更高的道德行为，如爱护弱小、舍己为人、见义勇为等，则是每个人的自由选择。

显而易见，"相互冷淡"的主观条件在许多人际关系中都不存在。一方面，在许多人际关系中，或多或少地包含"相互关爱"的成分：父母与子女、兄弟姐妹、夫妻、恋人、朋友、邻居……处在这些人际关系中的个人对于其他人的利益不可能做到"相互冷淡"。另一方面，在一些人际关系中，人们之间存在"竞争"，甚至是"敌意"。例如，竞技比赛中的对手，价值观念相互冲突的敌对族群，等等。在这些人际关系中人们也不可能对他人的利益保持"相互冷淡"。对于上述两种关系，分配正义的原则都不适用，需要寻求其他的规范原则。所以，罗尔斯所阐述的社会正义原则是用来规范社会中"陌生人"之间的权利和义务关系的。正是在这个意义上，休谟将"正义"看作一种"补救的美德"，也就是说，当人们之间丧失了关爱之心时，正义才开始发挥其规范作用。罗尔斯总结到："只要相互冷淡的人们对中等匮乏条件下社会利益的划分提出了相互冲突的要求，正义的环境就达到了。除非这些环境因素存在，就不会有任何适合于正义

德性的机会；正像没有损害生命和肢体的危险，就不会有在体力上表现勇敢的机会一样。"（p. 110）

四 公平与正义的关联

罗尔斯将自己的正义理论称为"作为公平的正义"，这并不是简单的同义反复。这种说法直接反映出罗尔斯正义学说的论证逻辑。罗尔斯的正义学说延续和发展了17、18世纪兴盛于欧洲的社会契约理论。考虑到19世纪之后，社会契约论在西方的衰落以及功利主义学说的兴起和流行，我们可以将罗尔斯的正义理论看作社会契约论的当代复兴。对于自己所应用的契约式论证方法，罗尔斯论述道："我的目的是要提出一种正义观，这种正义观进一步概括人们所熟悉的社会契约理论——比方说：在洛克、卢梭、康德那里发现的契约论，并使之上升到一个更高的抽象水平。"（p. 10）因此，在"作为公平的正义"这一表述中，"公平"并不是作为"正义"的近义词而出现的。"公平"指的是一个公平的签约状态，亦即，正义原则就是人们在一个公平的签约状态中会选择的原则。罗尔斯借助契约论的论证结构设想，人们将在一个恰当设定的公平状态中签订一个原初契约，而原初契约正是适用于社会基本结构的正义原则。这份契约是人们组建国家的基础，它将进一步调节所有其他的制度安排，并指定各种可行的社会合作和政府形式。（p. 10）

罗尔斯指出了契约式论证的诸多优点。第一，采用契约论来探索正义问题，可以将理性选择理论（the theory of rational choice）[①]与正义学说联系起来，"即可以把正义原则作为将被有理性的人们

[①] 在本书的论述中，笔者将《正义论》英文原版中的"rational"或"rationality"翻译为"理性"或"理性的"，"reasonable"翻译为"合理的"。具体理由可参见附录一：罗尔斯正义理论中"rational"与"reasonable"含义及翻译辨析。

选择的原则来理解"。（p. 14）依据罗尔斯的设想，在公平的签约状态下进行选择的人是理性的，他们遵循理性选择的规则进行选择。由此，正义原则的内容就被公平状态下的理性选择所规定。正如罗尔斯所言，"正义论是理性选择理论的一部分，也许是它最有意义的一部分"。（p. 15）第二，"契约"这一用语表达了正义原则的公共性。在社会契约论中，契约的签订一定是由多方共同完成的。因此，契约式论证从一开始就将各种不同的立场囊括其中，"暗示必须按照所有各方都能接受的原则来划分利益才算恰当"。（p. 15）第三，罗尔斯还提到，契约论有着悠久的学术传统，这一思想体系与自然法、自然权利等观念一脉相承，符合"自然的虔诚"（natural piety）。（p. 15）

罗尔斯不仅以契约式论证阐释社会制度所应遵循的正义原则，而且试图以这一理论框架探索更广阔范围内的道德规范——正当原则。罗尔斯论述道："为了建立一种完全的正当观，在原初状态中的各方不仅要按一定的次序选择一种正义观，也要按一定的次序选择那些其主要概念都属于正当范畴的原则。"（p. 95）罗尔斯将通过原初状态而确定的正当原则称为"作为公平的正当"（rightness as fairness）。罗尔斯所说的属于正当范畴的原则有三类：适用于国际法的原则、适用于社会制度的原则（正义原则）、适用于个人的原则。其中，适用于个人的正当原则是：有理性的人在公平的签约状态下将会给个人行为设定的限制。罗尔斯认为，适用于个人的正当原则包括"公平原则"和"自然义务"。一方面，"公平原则"向人们提出了"职责"（obligation），要求人们履行制度的规范所确定的职责；另一方面，"自然义务"向人们提出了各种道德义务（duty），包括维护正义、相互尊重、相互帮助、不残害他人等道德义务。所以说，通过构建原初状态，罗尔斯不仅推导出社会制度应遵循的原则，也推导出个人应遵循的道德原则。具体来说，前者是正义的两原则；后者则是"自然义务"和"公平原则"对人们提出的道德要求。

作为一种契约式政治哲学理论，罗尔斯的正义学说主要由"原初状态"和"正义原则"两个核心部分构成。这两个部分分别对应于传统社会契约论中的"自然状态"和"社会契约"。为了更好地规定"原初状态"，并且符合逻辑地从"原初状态"中推导出"正义原则"，罗尔斯还构建了一系列概念和理论。这其中包括：无知之幕、基本善、程序正义、反思平衡、词典式排序、正义感、"反应得"理论等。下面，我们先概括性地罗列出罗尔斯的正义理论中的重要组成部分以及对应于本书的相应章节。

第一，本书的第一讲"作为公平的正义"总括性地介绍正义的概念、正义的对象、正义的环境以及罗尔斯正义学说的论证结构。

第二，"原初状态"是一个公平的签约状态，是罗尔斯推导出"正义原则"的理论装置。本书的第二讲"原初状态"将讨论原初状态在罗尔斯的正义学说中所具有的理论功能，以及罗尔斯对原初状态的具体描述。

第三，从原初状态中推导出来的正义原则有两个，其中第一个正义原则涉及权利和义务的分配，称为"平等的自由"原则；第二个正义原则讨论的是社会和经济的不平等安排，包括"差别原则"和"公平机会的平等原则"两个部分。本书的第三讲"正义原则的表述"将具体探讨罗尔斯如何确定正义原则的准确表述。

第四，本书的第四讲"正义原则的选择"将深入探讨如何从原初状态中推导出罗尔斯所描述的两个正义原则。

第五，在罗尔斯的正义学说中，正义的两个原则，以及第二个正义原则的两个部分之间有一定的优先顺序。这被罗尔斯称为"自由的优先"和"公平机会的平等的优先"。本书的第五讲"优先规则"将讨论这部分内容。

第六，为了更有说服力地论证正义的两个原则，罗尔斯引入了程序正义的相关理论，并将原初状态设计成一种纯粹程序正义。本书的第六讲"程序正义"将详细讨论程序正义的种类和应用。

第七，为了解释原初状态人们如何依据自己的善观念而做出理性选择，罗尔斯发展出一套解释善的理论——"理性的善"。本书的第七讲将深入讨论罗尔斯构建的善理论，以及理性选择的相关内容。

第八，罗尔斯认为，人们在原初状态中所选择的正义原则将在政治实践中贯穿到制宪会议、立法阶段以及执法和守法的全过程之中，并形成一种正义的制度。罗尔斯还讨论了在这样的正义制度之中，人们负有怎样的职责和道德义务。这将是本书的第八讲"正义的制度"讨论的内容。

第九，罗尔斯对"正义感"进行了深入的探讨，并阐述了正义感对于维护正义制度之稳定性的重要作用。本书的第九讲"正义感与制度的稳定性"将深入讨论正义感与制度的稳定性问题。

第十，作为正义学说之理想理论的延伸，罗尔斯还讨论了非理想理论的内容，探讨在并非完全正义的社会中，人们负有哪些义务以及应该如何做。这是本书第十讲"非理想理论"的内容。

另外，罗尔斯站在契约论的立场对功利主义进行了系统的批评。功利主义理论的弊端是激发罗尔斯构建其正义学说的重要因素。在《正义论》全书的写作过程中，罗尔斯时时以功利主义为靶子，对功利主义的论证结构、功利主义对权利和自由之优先性的忽视，以及功利主义对于"正当"和"善"之关系的错误理解等问题进行了批评。本书将在相关章节中穿插介绍罗尔斯对功利主义的驳斥。

本书的"结语"部分将梳理西方思想史的脉络，从学术史的视角阐述罗尔斯正义理论的学术意义。在罗尔斯的正义学说中，"rational"和"reasonable"两个概念的含义极易混淆，"附录一"对这两个概念及其翻译进行了辨析。另外，为了帮助读者准确而迅速地掌握罗尔斯正义学说的核心概念,笔者特意编撰了"《正义论》迷你词典"放在本书的"附录二"。这些概念就像一个个牢固的支点,它们之间连接起来,最终构成罗尔斯正义学说的理论大厦。

罗尔斯的正义学说博大精深,许多概念和理论经罗尔斯提出之后就不断被人们提及和研究。《正义论》一书可谓是一部政治哲学的百科全书,蕴藏着无数的思想珍宝,时时给研究者们带来惊喜。

第二讲
原初状态

自然状态的特征
"无知之幕"与公平的签约状态
签约各方的理性
两种道德能力
反思平衡

原初状态

罗尔斯对正义问题的探讨是从"原初状态"开始的，这是人们在进入社会合作之前的状态。罗尔斯所构建的"原初状态"对应于社会契约论中的"自然状态"。为了能够更加准确地把握"原初状态"的特征，我们可以先考察一下在传统的社会契约论中，"自然状态"具有哪些特征。

一　自然状态的特征

所有的社会契约论都包括两个主要部分："自然状态"和"社会契约"。"自然状态"是推导出政治原则的理论胚胎；而"社会契约"则是构建政治秩序的原则和基础。罗尔斯正义学说中的"原初状态"对应于传统社会契约论中的"自然状态"，而"正义原则"则对应于"社会契约"。在社会契约论中，"自然状态"就是没有国家和社会的状态，是强制性的共同权力形成之前的人类状态。政治哲学要探寻国家和政治社会的理论根源，必须从没有国家的状态开始讨论，以确定国家学说的理论基础。从 17 世纪的启蒙思想家开始，现代政治理论将"自然状态"作为推导出国家学说的理论原点，并从这一状态中抽象出社会政治的诸种原则。霍布斯、洛克、卢梭、康德……这些重要的现代政治思想家都对自然状态做出了经典的论述。

关于"自然状态",有两个问题一直是研究者们争论的焦点:一是应如何设定"自然状态"?二是"自然状态"是否真实存在过?对于第一个问题,虽然不同的思想家对于"自然状态"有不同的构想,但他们的设定都有一个共同点,这就是:"自然状态"是自由而平等的。罗尔斯对"原初状态"的设定也遵循了这一规则。"平等而自由的自然状态",这一设定是社会契约理论的一个重要特征。对于第二个问题,传统的社会契约论者和当代契约论者持有不同的观点,一些学者认为自然状态真实存在过,一些学者认为自然状态纯粹是理论假设。罗尔斯持后一种观点,将"原初状态"看作假想的状态。下面,笔者将具体论述上述两方面的内容。

第一,不论是启蒙时期的社会契约论,还是当代政治哲学讨论中的社会契约论,都不约而同地将自然状态设定为平等而自由的。例如,霍布斯认为,人们在自然状态下是平等的,这种平等是能力上的平等。霍布斯还认为,自然状态下的人们是自由的,这种自由是人们按照自己所愿意的方式运用自己的力量保全自己的天性的自由。启蒙时代的另一位英国社会契约论者洛克也将自然状态构想为平等而自由的人类状态。在洛克看来,在自然状态下没有统摄所有人的权力和权威,所以任何人都不用听命于其他人。在这个意义上,人们是平等而自由的。法国社会契约论者卢梭在《论人类不平等的起源与基础》一书中详细描述了人类社会的自然状态。卢梭认为,"不平等"是人类走出相互隔绝的自然状态时才出现的。不平等产生于人们之间日益紧密的联系以及由此而催生的"公共评价"。人与人之间的差异是一直存在的,但只有当一种外在的公共评价产生的时候,人们的不同特征才具有了不同的价值。因此,在自然状态下,不平等还没有产生。另外,卢梭认为,在自然状态下,人们之间相互隔绝,因此每个人的行动必然只受自己意志的支配。所以,在卢梭的论述中,人们在自然状态下既是自由的也是平等的。在当代政治哲学的讨论中，罗尔斯在传统社会契约论的基础上抽象出正义论的理论原点——"原初状态"（original position），并将其设定为平等而自由的。

为什么这么多哲学家都不约而同地将自然状态设定成"平等而自由"的？如此设定的理由和必要性是什么？我们可以从两个方面来分析这个问题。一方面，社会契约论的论证逻辑是：通过一个所有人自愿订立的契约，为由此而产生的强制性的共同权力提供合法性证明，亦即为国家提供合法性证明。因此，这个订立契约的程序一定要符合人们对于程序正义的基本理解，符合人们对"公平"这一价值的直觉性理解。假设，一个社会契约是在地位不平等的各方之间订立的；或者订约者不是自愿同意，而是被迫签订契约的；那么，这样的契约一定不符合人们对于"公平"的理解，只能是一个"不平等条约"。而"不平等条约"对人们的行为是没有约束力的，甚至会被随意撕毁。因此，不符合"公平"观念的社会契约，是无法为强制性的共同权力提供合法性证明的，也就无法为国家提供合法性证明。正是基于这样的考虑，罗尔斯在《正义论》一书中将自己的正义理论称作"作为公平的正义"，其含义是：正义原则是各方在"公平"的环境下订立的，这种"公平"的订约环境能够为各方订立的契约——正义原则——提供合法性证明。另一方面，对于社会契约论者来说，平等与自由这两个政治价值是一个合法的政治体系必须遵循的基本原则，而"自然状态"则是将这两种价值导入政治现实的形而上学预设。因此，为了论证现实政治制度应该遵循的基本原则，"自然状态"就必须被设定为平等而自由的。换句话说，自由与平等是国家的基本政治制度应该遵循的价值标准。但是，这两个标准不能凭空而来，只能像"理想照进现实"一样，通过对前国家状态的构想而被带入对政治现实的规范中来。因此，自然状态就必然被设定为平等而自由的。

传统的社会契约论者和当代社会契约论者都不约而同地将

"自然状态"设定为平等而自由的,这一设定是由社会契约论的论证逻辑决定的。如果"自然状态"不是平等而自由的,一方面,人们订立社会契约的行为无法为契约内容提供合法性证明,从"自然状态"中推导出的共同权力和国家制度都将丧失合法性;另一方面,"自然状态"的平等和自由是人们规范政治现实的政治原则的来源。从没有自由平等的自然状态中,人们只能推导出等级森严的人类社会,无法用自由和平等的政治价值规范社会现实,也无法实现自由和平等的政治理想。

第二,社会契约论中另一个重要的理论问题是,"自然状态"是否真实存在过?社会契约有没有实际签订过?传统的社会契约论者将国家产生之前的人类状态称为自然状态。在社会契约论者的阐述中,自然状态的本质是"共同权力"的缺失。换句话说,不存在让所有人慑服的强制性权力的人类状态就是自然状态。对于"自然状态是否真实存在过"?不同的政治思想家有不同的看法。一种看法是,自然状态确实存在过。例如,洛克就认为,自己所描述的自然状态曾经存在过。但是,因人们一旦处在自然状态之中,就会很快进入政治共同体,所以人类没有留下任何对自然状态的描述和记录。又比如,卢梭虽然出于对基督教教义的顾忌,没有直接宣称自己所描述的自然状态存在过。但是,据思想史家的考证,卢梭是根据某些野生动物的生存状态(如独居的老虎)来构想人类的自然状态的。而且,卢梭认为,野生动物的生存状态就是人类最初的生存状态。因此,卢梭事实上认为自己所描述的自然状态是真实存在过的。在这个问题上,霍布斯与洛克和卢梭的观点不同。霍布斯认为,自然状态并没有真实存在过,它只是一种理论上的假设。

与启蒙时期的社会契约论者不同,当代的社会契约论者不再纠结于"自然状态是否真实存在过"的问题,而是直接挑明这一状态并非真实存在过,并将其当作一个纯粹的理论预设。然而,一个假想的"自然状态"以及从中推导出来的假想的"社会契约"是否还拥有论证的效力？这一问题似乎将人们带入了一个两难的境地：如果"自然状态"真实存在过，那么，人们为什么找不到对这一人类历史时期的任何描述和记载？相反，如果"自然状态"没有真实存在过，是纯粹假想的，那么人们签订的契约也就是假想的，而假想的契约怎么可能对人们的行动有约束力呢？面对这种两难困境，罗尔斯直截了当地指出"原初状态"就是假想的，而人们在"原初状态"中的选择为什么对人们的行为具有约束力，其理由在于：如果在某一公平状态下，任何理性存在都会选择某种特定的分配原则，那么该分配原则是正义的。也就是说，公平状态下的理性选择就是人们应该做出的选择，而这样的选择在人们走出"原初状态"之后，仍然具有约束力，是公共生活的规范基础。罗尔斯在《正义论》中论述道："原初状态并不是被设想为一种在某一刻包括所有将在某个时期生活的人的普遍集合，更不是可能在某个时期生活过的所有人的集合。原初状态不是一种所有现实的或可能的人们的集合。……重要的是把原初状态解释得使一个人能在任何时候都能采用它的观点。"（p. 120）在罗尔斯看来，正义论的理论起点"原初状态"并不是存在于任何时空的真实的人的集合，而是一个理论假设的原点。处在任何时空中的人都可以通过自己的理性反思而随时进入这个状态，并推导出相关的正义原则。

  事实上，对于社会契约论来说，自然状态有没有存在过并不重要，重要的是如此设定的自然状态能否为国家或者某种特定的政治制度提供合法性证明。自然状态就像政治思想家给我们设计的一个理念装置，通过它我们可以看到当下的国家、制度、法律之合法性的来源，可以看到当下的政治现实有什么不足，也可以看到一个理想中的政治社会应该是什么样的。

二 "无知之幕"与公平的签约状态

罗尔斯是社会契约论的当代阐释者,他在社会分配的问题上应用了契约式论证。在契约式论证中,自然状态充当的是一个"公平的签约状态",这一签约状态能够保证人们一致同意的契约具有合法性。因此,无论是传统社会契约论还是当代社会契约论都将自然状态设定为"自由而平等"的。如果背离了"平等""自由"的基本假设,人们所订立的条约就是无效的,就是一纸空文。罗尔斯应用社会契约论的论证结构,将正义阐释为:人们在公平的环境中达成的契约。罗尔斯首先构想了一个类似于契约论中自然状态的"原初状态"。用罗尔斯的话来说:"原初状态的观念旨在建立一种公平的程序,以使任何被一致同意的原则都将是正义的。"(p.118)在罗尔斯设定的"原初状态"中,人们同样是"平等而自由的",这种平等和自由的具体含义是:"所有人在选择原则的过程中都有同等的权利,每个人都能参加提议并说明接受它们的理由等等。"(p.17)

为了更为严格地规定"原初状态"这个公平的签约环境,罗尔斯引入了"无知之幕"(the veil of ignorance)的概念。罗尔斯认为:"我们必须以某种方法排除各种特定偶然性的影响,因为它们会使人们陷入冲突且诱使他们利用社会和自然偶然性来有利于自己。而为了达到这一目的,我假定各方是处在一种'无知之幕'的背后。"(p.118)罗尔斯引入"无知之幕"的目的有两个:一是排除人们产生冲突的因素,使人们在正义原则的问题上更容易达成共识。通常来说,人们之间产生冲突的原因有两个:价值观念的不同和自身利益的不同。罗尔斯以"无知之幕"将这两个信息屏蔽掉,就是为了避免原初状态下的签约者们陷入争吵,让人们对正义原则达成一致意见。如罗尔斯所言:"无知之幕使得对一种特定正义观的一致选择成为可能。"(p.121)二是罗尔斯引入"无知之幕"的目的还在于防止人们将原则修剪得适合于自身的目的。如果订约者清楚地知道与自身相关的各种信息，就会选择那些更适合自身利益的原则。例如，身为女性就会选择有利于女性的分配原则，出身贫困就会选择有利于穷人的分配原则，等等。而罗尔斯认为，自然或社会的偶然因素不构成左右社会分配的正当理由。因此，应该以"无知之幕"屏蔽掉与自身相关的诸多信息。在不了解与自身相关的许多信息的情况下，人们之间实际上失去了讨价还价的基础，这避免了无谓的争吵，也使得正义原则能在更为公平的环境下被选择。

在"无知之幕"的规定下，处在原初状态下的人们不知道下述信息：第一，没有人知道自己的社会地位、阶级出身、天生资质、自然能力的程度、理智和力量的情况；第二，人们也不知道自己的善观念①、合理的生活计划，甚至不知道自己的心理特征：如讨厌冒险、乐观或悲观；第三，人们不知道他们所在社会的经济或政治状况，以及他们能达到的文明和文化水平；第四，人们也没有任何关于他们属于什么世代的信息。（p.118）在"无知之幕"后面的订约各方只能知道有关人类的一般事实：他们理解政治事务和经济理论原则，知道社会组织的基础和人的心理学法则。或者说，他们知道影响正义原则选择的所有一般事实。（p.119）

"无知之幕"这一理论设计是罗尔斯超越传统契约论者的一项创举，它使契约论达到更高的抽象水平，变得精确而严密。从理论结构上来说，"无知之幕"不仅是"应当的"而且是"必须的"。第一，"无知之幕"是"应当的"，这是因为，人们在确定社会分配的原则时，不应该只从自己的角度考虑问题，不应该只想着自己利益

---

① 善观念（the concept of goodness）是一个伦理学概念，指的是人们认为什么是好的、什么是值得追求的、什么是自己合理的生活计划等；在中国的语境下，也可以将其理解为价值观。本书第七讲"理性的善"将深入讨论罗尔斯关于善的理论。

的增长，而应该从所有社会成员各自的角度考虑问题。然而，处在特定社会境况中的行为者很难跳出自己的具体情况而为他人着想。但是，"无知之幕"的制度设计做到了这一点：在完全不知道自己的具体信息的情况下，人们不得不对自己所处的境况做出各种假设，也就客观上考虑到了社会中不同位置人们的利益。第二，"无知之幕"的理论设计也是契约式论证所必须的。罗尔斯认为，引发人们争吵的根本原因正是人们各自所处的不同境况。打个比方，A 与 B 对是否征收财产税争吵不休，极有可能是因为 A 与 B 的财产状况不同。A 是富人，有大量财产，B 是穷人，几乎没有什么财产，在这样的情况下，A 与 B 当然会在是否增收财产税、征收多少财产税等问题上争执不休。所以说，为了避免人们在采用何种分配原则的根本问题上争论不休，就必须屏蔽掉所有人的具体信息，使人们能够在同一个立场上做出同样的推理，并最终做出同样的选择。

然而，即使有了"无知之幕"这一屏障，人们仍然可能在一个问题上将正义原则裁剪得适合于自身的利益，这就是关于"储存"的问题。"无知之幕"虽然屏蔽掉了人们处于什么世代的信息，但即使不知道自己处于什么世代，人们仍然可以通过拒绝对后代做出任何牺牲来有利于他们这一代。因为，不论先前的世代有没有为自己的后面世代进行存储，不为后代存储都将是最有利于当代人的选择。罗尔斯认为，"在这样的情况下，无知之幕不能确保可期望的结果"。（p. 121）因此，为了处理这一代际正义（Justice between generations）的问题，罗尔斯对人们的动机做了进一步的限制："设想各方为一条条代表各种要求的连续线，例如，我们可以想象他们是作为家长，因而他们希望推进至少其直接后裔的福利。或者我们能要求各方同意一样的受限原则：他们希望所有的前世都遵循同样的原则。"（p. 11）以这样的方式，罗尔斯将不同世代的人们关联起来，使人们在原初状态中选择的正义原则能够恰当地考虑不同世代的利益。罗尔斯认为："人们应当通过指明他们认为自己有权向他们的父亲与祖父要求什么，来确定他们该为他们的子孙留存多少。"（p. 256）以这样的方式人们能够确定应该将多大比例的社会资源用于储存，这被称为正义的储存原则："即每一代都从前面的世代获得好处，而又为后面的世代尽其公平的一份职责。"（p. 254）

三　签约各方的理性

罗尔斯还对原初状态中订约各方的理性做出了规定。罗尔斯认为处在原初状态中的人们是理性的（rational）。罗尔斯在其正义理论中应用的理性概念是社会理论中的标准理性概念。（p. 124 注①）这一概念通常有两个含义：一是一个理性人对他的可选项有一融贯的偏好；二是一个理性人将依据可选项在促进其目的好坏上对它们排序，并选择那个将满足其较多的欲望并具有较大成功机会的选项。（p. 124）也就是说，人们在原初状态下选择原则时，每个人都将尽可能地推进自己的利益，选择最适合自己的目的和利益的原则。

然而，在"无知之幕"的遮蔽之下，原初状态下的订约者并不知道自己的"利益"所在。他们并不知道自己的"生活计划"是什么，不知道自己生活计划的细节；所以，每个定约者都无法通过理性的计算来增进自己的利益。为了解决这一难题，罗尔斯引入了"基本善"（primary goods）的概念。这一概念是在"善"的概念基础上建构的。罗尔斯采用了与功利主义相同的方式来解释"善"：善就是理性欲望的满足。（p. 80）在"善"的概念基础上，罗尔斯将"基本善"定义为："一个理性的人无论他想要别的什么都需要的东西。"（p. 79）也就是说，"基本善"是任何人实现自己的理性生活计划都需要的一些必要条件。这样的"基本善"包括：较好的智力、强壮的身体、权利、财富和机会等。其中"较好的智力"和"强壮的身体"是自然的基本善,而其余的则是社会的基本善。

"人际比较"是困扰着社会分配研究的一个理论难题。具体来说,社会分配是对财富、权力、机会等社会益品（social goods）进行分配。然而,人们的生活计划各不相同,因此,每个人想得到的东西也不同。与此同时,同样的社会益品对不同人的理性欲望的满足程度也不尽相同。如何解决"人际比较"的问题,这是摆在罗尔斯面前的一个难题。"基本善"概念的构建和应用,正是罗尔斯为解决这一难题而做出的一种创新性的尝试。正如罗尔斯提到的,功利主义同样会遭遇"人际相异性"的问题。功利主义要求所有社会成员的功利总额达到最大值,这就必须以某种统一的尺度对所有社会成员的"功利"进行衡量。如果以客观的方式对"功利"进行定义（例如,将功利定义为"福利",或者直接等同于收入＋财产）,并以这一客观标准评价人们的生活前景,那么就必然会忽视了人们在价值观念和人生计划上的差别,忽视"人际相异性"。相反,如果以主观的方式定义功利,将"功利"定义为"理性欲望的满足",那又会产生新的伦理问题,这就是:一些不正当偏好（例如,伤害他人的偏好）也将被计算到功利总值当中。这些偏好的满足将被功利主义的分配方案所允许甚至被鼓励。由此看来,通过引入"基本善"概念,罗尔斯的正义学说比功利主义更好地处理了"人际相异性"的问题。罗尔斯成功地将人们不同的价值观念和生活计划（人际相异性）与一个客观的评价基础（基本善）协调起来。在"基本善"的设定之下,处在无知之幕后面的定约者们,虽然不知道自己具体的理性生活计划是什么,但必然会想要尽量大地增进自己的社会基本善[①]。于是,罗尔斯得到关于定约者

[①] 社会正义原则是规定社会基本结构的,而每个定约者只可能通过订约来尽可能大地增进自己所获取的社会基本善,而非自然基本善。

之理性的具体设定："他们将喜欢较多的而非较少的基本社会善。"（p. 123）这些理性订约者知道，"一般来说他们必须保护他们的自由，扩大他们的机会，增加达到他们自由的手段（不管这些目的是什么）"。（p. 123）

罗尔斯对于定约者之理性的第二个设定是：定约者不受妒忌（envy）之累。罗尔斯将妒忌理解为：不希望别人比自己更好的心理状态。这与嫉妒（jealousy）有细微的差别。嫉妒在罗尔斯的正义学说中的含义是：希望别人比自己差，并且不希望别人变得更好、赶上自己，嫉妒心理的极端就是幸灾乐祸。（pp. 467 - 468）简单来说，妒忌是位置低者对位置高者来说的，而嫉妒是位置高者对位置低者来说的。① 罗尔斯根据康德对"妒忌"的理解②认为，妒忌的心理根源是：行为者缺乏对自身价值的自信，并感到无力自助。也就是说，只有当行为者在与他人比较的过程中丧失了自信，丧失了对自己生活的热情，并感到无力改变，这时才产生了妒忌的心理。罗尔斯特别指出，妒忌与不满（resentment）是不同的。不满是认为某人所获得的地位或财富是不正当的，违背了某种正义原则；而妒忌则是承认别人的某种较自己要高的地位或较多的财富是正当获得的，而这更凸显出处于较低地位的自我的无能。

罗尔斯认为，原初状态的定约者有一个显著的特征就是定约者没有妒忌心理，这被称为"相互冷淡"的理性："各方既不想赠送利益也不想损害他人，他们不受爱或凤愿的推动。他们也不寻求相互亲密，既不嫉妒也不虚荣。他们努力为自己寻求一种尽可能高的绝对得分，而并不希望他们的对手一个高或低的得分，也不寻求最

---

① 在中文里，"嫉妒""忌妒""妒忌"这三个词的含义是相同的，并没有英语中的 envy 和 jealousy 之间的这种细微差别。这三个词指的都是："对才能、地位或境遇比自己好的人怀恨在心"，是位置低者对于位置高者的心理状态。参见《现代汉语词典》（第 5 版）"妒忌""忌妒""嫉妒"词条。

② 康德对嫉妒的讨论见其著作《道德形而上学的基础》第 2 部分，第 36 节。

大限度地增加自己的成功和别人的成功之间的差距。"（p. 125）基于"相互冷淡"的理性设置我们可以推知，原初状态中的人们不是通过比较而获得自我价值感的，他们的自我价值感来源于自己的"绝对得分"。订约者们是不受妒忌之累的。罗尔斯认为，没有妒忌心的人们会这样来建立正义观："人们在原则的选择中设想他们有自己的、足以自为的生活计划。他们对自己的价值有一种牢固的自信，以致不想放弃他们的任何目的，即使以别人只有较少的实现他们目的的手段为条件。"（pp. 124 - 125）既然原初状态的定约者并不受妒忌之累，他们在订立契约的时候也并非出自妒忌之心，那么我们可以得出结论：正义原则的推导不需要"妒忌"这一心理预设，正义原则中所表达的平等诉求并不是出于妒忌之心。用罗尔斯的话来说，"正义观念是在无人被怨恨和恶意趋动的假设条件下被选择的。所以正义的两个原则支持着的平等要求不是从这些情感中产生的"。（p. 472）

从上述论述中我们看到，罗尔斯对原初状态中的人的理性的设定是很弱的条件。相互冷淡、没有嫉妒、再加上无知之幕，构成了推导出正义原则的理论原点。正像许多研究者指出的那样，罗尔斯并没有对原初状态下的人提出过高的道德要求。他们就是一些"普通人"，只关心自己的利益，并不特意地关爱任何人，也并非想要增进集体的利益。只是罗尔斯以"无知之幕"屏蔽掉了与每个人相关的具体信息，使得人们不得不以所有人都能接受的方式增进自身的利益。在罗尔斯看来，"相互冷淡 + 无知之幕"的假定胜过"仁爱 + 知识"的假定。因为，前一种假定是一种弱的假定，能够得到更多人的认同。而且，这种弱也能达到"仁爱 + 知识"这种强假定所要达到的目的。在这种弱的假定之下，人们也能达到一种确定的一致同意的正义原则。

四 两种道德能力

在罗尔斯看来。原初状态下的订约者不仅是理性人，还是道德人（moral person）。他们具有两种道德能力：形成善观念的能力和形成正义感的能力。一方面，原初状态下的人们有自己的目的，并且能根据自己的目的而做出理性生活的计划；另一方面，原初状态下的订约者还能通过选择正义原则而形成特定的正义观，而且在他们选择特定的正义原则时，就真心地愿意服从这些原则。愿意依据正义原则去行动，这被罗尔斯称为"正义感"。在罗尔斯看来，订约各方所拥有的正义感意味着："一旦原则被接受，各方就能相互信任地遵循它。"（p. 125）罗尔斯设定，正义感在订约各方之间是一种公共的知识（public knowledge），这意味着每个订约者在考虑要不要接受某一正义原则的约束时，他们就清楚地知道，其他订约者如果选择了这一正义原则就会严格地服从这一原则。这样就消除了订约者之间的猜疑，使他们能更笃定地选择和服从自己所选择的正义原则。从这个意义上来说，正义感作为一种公共的知识，能够保证人们对正义原则的严格服从，以及正义秩序的稳定。

与此同时，由于正义感的存在，人们在订约时不会签订一种他们预计很难遵循的正义原则，会考虑承诺的强度（strains of commitment）。罗尔斯论述道："他们不可能进入那些可能有不可接受的后果的契约。他们亦将避免那些只能很困难地坚持的契约。……契约各方必须仔细衡量他们是否能在所有环境里都坚守他们的承诺。"（p. 153）在社会契约论的论证框架中，人们在原初状态下签订的契约是最终的和永久性的，所以这种承诺的强度就尤其尖锐。当然，罗尔斯并不认为，正义感这种道德能力将决定人们在原初状态下最终会选择哪一种正义原则。罗尔斯强调正义感是一种纯粹形式的设定，并没有规定人们要选择哪一种正义观，只是确保人们在选择了特定的正义原则之后就会按照相关要求去做。

如前所述，罗尔斯正义理论中的"原初状态"与传统社会契约论的自然状态一样，也是一个平等的状态。所谓"原初状态"下的平等指的是：人们有平等的权利对正义原则进行选择，并说明理由。原初状态下的平等，通过原初契约的签订自然地延伸到社会基本结构和相关制度当中，并决定着人们之间的平等关系。对人们之间为什么是平等的？亦即，"平等的基础"是什么？罗尔斯结合道德能力的概念回答了这一问题。在罗尔斯看来，人们具有两种道德能力，这是人们人人平等的基础。罗尔斯论述道："道德人格能力是有权获得平等的正义的一个充分条件。"（p.442）对于罗尔斯的这一说法可能会有多种反对意见：例如，一些人会提出婴儿和儿童显然欠缺道德能力，那么他们难道不应该被平等对待吗？另外，人们的道德能力显然是不同的，一些人的道德能力较强，一些人的道德能力较弱，那么为什么应该平等对待所有人呢？还有，人类应该如何对待动物呢？按照罗尔斯的说法，它们没有道德能力，是否就不应该平等对待呢？

罗尔斯逐一回答了上述问题。对于第一个问题，罗尔斯强调他所说的道德能力指的是人类具有的潜能："道德人格在这里被规定为一种在一定阶段上通常能实现的潜在性。"（p.442）因此，婴儿和儿童虽然目前不具有这种能力，但在可预期的时间内他们就将具有这种能力。对于第二个问题，罗尔斯提出了"范围特性"（range property）的概念。罗尔斯认为，虽然人们的道德能力可能会有差别，但是，"只要能达到某种最低程度，一个人就有权享有同其他任何人同等的平等自由"。（p.443）对于第三个问题，动物是否拥有某种意义上的平等权利？罗尔斯的回答是否定的。动物因为不具备人所拥有的两种道德能力，所以无法享有一种平等的自由。"道德的人才有权享有平等的正义。"（p.442）在这个问题上，罗尔斯承认自己的正义学说具有局限性，罗尔斯认为自己的正义学说

"没有能够对动物和自然界的其余部分的正当性做任何说明"。（p. 448）

综上所述,"无知之幕""相互冷淡的理性""道德人"的设定构成了生成正义原则的完整程序——原初状态。那么,关于原初状态的描述是怎么得到的呢?罗尔斯通过怎样的理性反思而决定如此设定原初状态呢?下面,我们将引出罗尔斯正义理论中最令人费解的概念:反思平衡。

五 反思平衡

对"原初状态"的描述在罗尔斯的正义学说中有着至关重要的作用,决定着从中推导出正义原则的内容。那么,这一假想的状态是如何被设定的呢?人们又如何对其进行修正和调整呢?为此,罗尔斯引入了一个复杂的概念:"反思平衡"（reflective equilibrium）。罗尔斯将人们达到"原初状态"的过程设想成这样:"在寻求对这种原初状态的最可取描述时,我们是从两端进行的。开始我们这样描述它,使它体现那些普遍享有和很少偏颇的条件,然后我们看这些条件是否足以强到能产生一些有意义的原则。如果不能,我们就以同样合理的方式寻求进一步的前提。但如果能,且这些原则适合我们所考虑的正义信念,那么到目前为止一切就都进行得很顺利。……通过这样的反复:有时改正契约环境的条件;有时又撤销我们的判断使之符合原则,我们预期将达到这样一种对原初状态的描述:它既表达了合理的条件,又适合我们所考虑并已及时修正和调整了的判断。这种情况我们把它叫做反思平衡。"（p. 18）从这段引文中我们看到,罗尔斯将人们在思考正义问题时的道德直觉以及不偏不倚的判断结合起来,通过反复的理性思考,不断调整而最终达到对"原初状态"的准确描述。其中,深思熟虑的信念可能包括"宗教迫害或种族歧视是不正义的"这类的信念。也就是说，如果从对原初状态的某种描述中推导出来的正义原则居然与"宗教迫害或种族歧视"相协调，那么，这时人们就应对原初状态的描述做出调整。

"反思平衡"是罗尔斯正义理论中最富争议的概念，其理论功能在于推导出一个恰当的理论原点，而整个正义理论都可以从这个原点中演绎出来。只要人们能够达到"原初状态"这一恰当的初始位置，就进入了一个推理的程序，而这个程序本身就能保证其结果的正当性。值得注意的是，在传统的社会契约论中并没有"反思平衡"这一理论设计。这是因为，传统的社会契约论者或者将"自然状态"当作一种历史事实，或者从自然法这种形而上的预设中引申出"自然状态"。这两种对自然状态的处理都属于休谟所说的"自然主义谬误"。一方面，将"自然状态"当作历史事实，从"事实"中推出道德原则，从"实然"推出"应然"；另一方面，从形而上的预设中推出道德原则，得不到持不同信仰和道德信念的人们的广泛认同。因此，当代社会契约论必须解决"自然状态"从哪里来的问题。正是基于此，罗尔斯将"自然状态"抽象为"原初状态"，否认其历史性，并且设计出"反思平衡"这一理论工具，通过人们的直觉、信念、判断的循环往复的相互印证，而最终确定"原初状态"。

"反思平衡"这一理论设计使罗尔斯的正义学说避免了任何形式的形而上学假设，也没有依赖于任何自然事实来建构应然的学说，甚至没有诉诸"自明性"来设定理论的起点。通过"反思平衡"，罗尔斯将正义学说的理论起点诉诸于人们的理性反思、道德直觉、道德信念，以及这些因素之间的融贯统一和相互印证。换句话说，罗尔斯的正义学说不是来自上帝的启示，也不是来自柏拉图所构想的理念世界，而是来自人们之间通过理性反思而达成的一致，是理性人的信念、判断和直觉的统一。正如《正义论》一书的中文译者何怀宏所说："罗尔斯的证明方法有别于笛卡尔式的从某些自明原则推演的标准和规则体系的方法，也有别于以非道德概念来定义道德概念的'自然主义'的方法，而是使证明依赖于整个观念，依赖于这个观念在何种程度上适合于在'反思的平衡'中'所考虑的判断'，并把这些判断组织成一个系统。证明是许多思考的互相支持，是所有因素的调协一致。"①

综上所述，原初状态是罗尔斯正义学说的理论原点。通过"反思平衡"，罗尔斯借助理性、直觉以及道德信念之间的相互印证对原初状态进行了恰当的描述。原初状态下的订约者既是理性人，也是道德人。他们有着相互冷淡的理性以及形成善观念和正义感的道德能力。在原初状态下，人们处在"无知之幕"之后，不知道任何与自身相关的具体信息。然而，通过理性反思和相互协商，人们将对如何分配权利和义务、利益和负担的正义原则达成一致。

---

① 何怀宏：《公平的正义》，山东人民出版社 2002 年版，第 175 页。

第三讲
正义原则的表述

平等的自由原则
公平机会的平等
差别原则
第二个正义原则的四种解释
民主的平等

正义原则的表述

正义原则是罗尔斯正义学说的核心内容。正义原则是有理性的人在原初状态下签订的原初契约，也是人们联合起来构建政治共同体要遵循的基本原则。罗尔斯认为，正义原则的表述要符合一般正义观（general conception of justice）："所有社会价值——自由和机会、收入和财富、自尊的社会基础——都要平等地分配，除非对其中的一种价值或所有价值的一种不平等分配合乎每一个人的利益。"（p.54）这一正义观向我们传达的信息是，任何不能使所有人获益的不平等都是不正义的。正是在这一正义观的指引下，罗尔斯构建出正义的两个原则："第一个原则：每个人对与其他人所拥有的最广泛的平等基本自由体系相容的类似自由体系都应有一种平等的权利。第二个原则：社会和经济的不平等应这样安排，使它们①被合理地期望适合于每一个人的利益；②依系于地位和职务向所有人开放。"（p.53）在两个正义原则中，第一个正义原则适用于权利与义务的分派，第二个正义原则适用于社会和经济利益的分配。这是罗尔斯对正义原则的初次表述，在逐步深入的讨论中，罗尔斯不断对上述的正义原则进行更为细致的规定。下面，我们逐一讨论两个正义原则各部分的内容。

一 平等的自由原则

第一个正义原则也被称为"平等的自由"原则，这个正义原则的目标在于"确定保障公民的平等基本自由"。对于自由概念的定义，罗尔斯试图绕开积极自由和消极自由争论的泥潭。他采用了麦卡勒姆（Gerald, C. MacCallum）提出的自由概念的三角定义。[①] 罗尔斯论述道："我将只是假设，自由总是可以参照三个方面的因素来解释：自由的行动者；自由行动者所摆脱的种种限制和束缚；自由行动者自由决定去做或不做的事情。"（p. 177）借助麦卡勒姆的自由三角公式，罗尔斯将自由定义为：某人免除某种限制而做某事。值得注意的是，罗尔斯是在霍菲尔德[②]的意义上，或者说规范的意义上，而不是在描述的意义上使用自由概念，这使得正义的第一个原则中的"基本自由"等同于"允许"。举例说明：法律规定某人有驾驶自己汽车的自由，这是一种规范意义上的自由，即人们被"允许"驾驶自己的汽车。然而，这条法律并不意味着行为者在现实生活中一定有驾驶自己汽车的自由。假设，某人忘记带车钥匙出门，那么，在描述的意义上，他就没有驾驶自己汽车的自由，即使法律并没有阻止他这么做。[③] 罗尔斯将"自由"看作公共规范的一部分，结合宪法和法律来讨论自由问题，"法无禁止则为自由"。罗尔斯将人们受到法律保护而做某事（免受他人侵犯）称为自由。

[①] 参见 Gerald, C. MacCallum, "Negative and Positive Freedom", *Philosophical Review*, Vol. 76, 1976, pp. 312 – 334。

[②] 韦斯利·霍菲尔德（Wesley Newcomb Hofeld），美国法学家，分析法学的重要思想家，法律概念分析的集大成者，他阐述了规范意义上的自由概念。

[③] 这个例子是笔者在访谈英国学者希尔·斯坦纳（Hill Steiner）时，斯坦纳教授提到的。参见《源自个人选择的正义——访谈左派自由至上主义代表人物希尔·斯坦纳教授》，《国外理论动态》，2018 年 12 月。

那么，罗尔斯所说的"基本自由"有哪些呢？人们可以在法律的保护下免受他人侵犯地做哪些事情呢？罗尔斯列举了具体的自由项："政治上的自由（选举和担任公职的权利）与言论和集会自由；良心的自由和思想自由；个人的自由——包括免除心理的压制、身体的攻击和肢解（个人完整性）的自由；拥有个人财产的权利；以及依照法治的概念不受任意逮捕和没收财产的自由。"（p.53）罗尔斯认为，这些基本自由"是由基本结构的公共规范确定的权利和自由"。（p.55）正义的第一个原则将某种规范平等地适用于每个人，使人们获得最广泛的、同时与其他人的自由相容的类似的自由。当然，这个原则同时也会对人们的自由进行某种限制，而对自由进行限制的唯一正当的理由只能是："如果不这样，它们就会相互妨碍。"（p.56）罗尔斯还指出，这些基本自由必须被看成一个相互关联的体系。对于一种自由的规定依赖于对其他自由的规定。例如，言论自由的规定依赖于对人们持一种特定的道德观念之自由的规定，宪法和法律应综合考虑各方面的自由问题，以便给出最佳的总体的自由体系。

罗尔斯对良心、思想、政治和个人自由进行了深入探讨。良心自由是每个人形成自己的善观念的自由，是人们形成自己的价值观，并且依据自己的价值观而制定相应的理性生活计划的自由。而言论自由和结社自由是保障良心自由不可或缺的制度性条件。罗尔斯认为，原初状态下的订约者，必然会选择保证他们的宗教和道德自由的原则，即使他们并不知道自己会形成怎样的道德观念或拥有什么样的宗教信仰。因为，"他们不会让自由冒风险，不会允许占统治地位的宗教、道德学说随心所欲地迫害或压制其他学说"。（p.181）而且，在自由的问题上，原初状态下的订约者也不会选择功利主义原则。因为，功利主义原则可能使自由受制于社会整体利益的计算。当对自由的限制可能使得社会整体利益增加时，自由就会受到威胁。罗尔斯专门讨论了密尔在《论自由》中的观点。

罗尔斯认为，密尔除了以功利主义的原则来论证自由的重要性之外，还指出了自由可能具有的内在价值。罗尔斯论述道："根据密尔的选择标准，自由的制度作为理性选择的生活方式的基本方面，其本身就具有价值。"（p. 184）

在如何划定自由的界限、对自由进行限制的问题上，罗尔斯认为，自由只能因为自由的原因而受到限制。也就是说，只有当某人的思想或行为侵犯了其他人的自由时，才可以对其进行限制。从社会整体的角度来说，只有当某人的思想或行为威胁到公共安全时，才能够对其进行限制。如果人们的思想或行为并没有威胁到公共安全，也没有侵犯其他人的自由，例如：某人只是表达了一种与占统治地位的道德观念不同的观念，那么，社会制度应该宽容这样的思想或行为，给予其平等的自由。在"宽容"之界限的问题上，罗尔斯讨论了一个悖论性的问题：正义是否要求人们宽容不宽容者？罗尔斯认为，一个不宽容团体没有权利抗议对它的不宽容。因为，"一个人的抗议权利仅限于他本人所承认的原则受到侵犯之时"。（p. 190）否则的话，就是在对自己和别人应用"双重标准"。另外，如果一个不宽容团体的思想和行为并没有威胁到公共安全或侵犯其他人的自由，那么各种宽容团体就没有理由不宽容一个不宽容团体。相反，如果"宽容团体真诚地、理性地相信为了其安全不宽容是必须时，它们便具有不宽容那些不宽容者的权利"。（pp. 191-192）也就是说，当不宽容者的言行已经威胁到所有人的安全和自由时，人们就没有义务再宽容这样的不宽容团体了。罗尔斯得出上述结论的理由是，人们在原初状态下选择的正义原则将支持人们限制那些对公共安全造成威胁的行为和思想。在罗尔斯看来，对不宽容者的限制，并不是因其不宽容而对其自由进行限制，而是因为其思想或行为威胁到公共安全，所以对其自由进行限制。

对于罗尔斯所论述的"平等的自由"这一原则，可能会出现一个理论困难，这就是：由于人们的生活境况不同，人们事实上获得的自由会大相径庭。一些人有足够的财力，可以环游世界，甚至实现飞向太空的梦想；而另一些人，身无分文，连看一场电影都变成一种奢望。在这样的情况下，政治理论家们绞尽脑汁所架构的理论——"平等的自由"——变得非常可疑。为了解决这个问题，罗尔斯构建了"自由的价值"这一概念，并对"自由"和"自由的价值"进行了区分："自由表现为平等公民权的整个自由体系；而个人和团体的自由价值是与他们在自由体系所规定的框架内促进他们目标的能力成比例的。"（p. 179）也就是说，宪法和法律中关于自由的规定对所有人都是一样的，但是，"自由的价值对于每个人来说却不是一样的，有些人具有较大的权威和财富，因此具有达到他们目的的更多手段"。（p. 179）那些占有资源较多的社会成员比占有资源较少的社会成员拥有更大的自由价值。当然，罗尔斯并没有以此打发那些自由价值较小的社会成员，而是将对较少的自由价值的补偿交给正义的第二个原则去处理。可以说，"平等的自由"是第一个正义原则所规定的内容，而不平等的"自由的价值"则是第二个正义原则要解决的问题。

二 公平机会的平等

罗尔斯对第二个正义原则的表述是：社会和经济的不平等应这样安排，使它们①被合理地期望适合于每一个人的利益；并且②依系于地位和职务向所有人开放。在这一表述中，"每一个人的利益"和"平等地向所有人开放"的含义并不清晰。为了确定第二个正义原则的准确含义，罗尔斯比较了对这两个部分可能的各种不同解释。其中，"平等开放"可能有两种解释："前途向才能开放"，或者"公平机会的平等"；另外，"符合每个人的利益"也可能有两种解释："效率原则"或者"差别原则"。下面，我们具体讨论这两部分内容。

"地位和职位平等地向所有人开放"涉及机会平等的问题。所谓"机会平等"指的是：在对于各种社会益品的竞争中，所有成员拥有同等的机会以达到较优的竞争结果。在罗尔斯之前，人们普遍接受的是一种"前途向才能开放"机会平等观念。然而，罗尔斯认为，"前途向才能开放"的机会平等是远远不够的，并将这种机会平等观念称为"形式上的机会平等"，而将自己在正义原则中所阐述的"公平机会的平等原则"称为"实质的机会平等"。

"前途向才能开放"（careers are open to talents）指的是给予具有相同才能的人同等的机会，在分配资源和各种教育与职业的机会时，不考虑人们的出身、种族、裙带关系、经济条件、性别、相貌等与才能无关的因素。这是一种较低限度的机会平等理论。这种关于机会平等的观念在两千多年前的古希腊雅典城邦就已经得到了阐述，伯里克利在其著名的葬礼演讲中论述道："让一个人担任公职优先于他人的时候，所考虑的不是某一个特殊阶级的成员，而是他具有真正的才能。"① 然而，在当代的平等主义讨论中，越来越多的理论家逐渐认识到"前途向才能开放的机会平等"还远远达不到"平等待人"的目标。罗尔斯认为，这种最低限度的机会平等理论保证"所有人都至少有同样的合法权利进入所有有利的社会地位。但由于没有做出努力来保证一种平等的或相近的社会条件（除了保持必要的背景制度②所需要的之外），资源的最初分配就总是受到自然和社会偶然因素的强烈影响"。（p.62）也就是说，这种形式上的机会平等虽然保证每一个拥有相应才能或做出同等功绩的人都有同等的机会，但是却没有考虑到人们获得相应才能或做出同等功绩的能力是受社会境况和自然禀赋等因素影响的，而后者在

---

① [古希腊] 修昔底德：《伯罗奔尼撒战争史》（第二卷），谢德峰译，商务印书馆1960年版，第四章。
② 依据上下文，括号中所说的"必要的背景制度"指的是权利平等条件之下的市场竞争。

罗尔斯看来都是道德上任意的因素，是**不应得**的。这被称为罗尔斯的"反应得"理论（desert-less）。这一理论主张，人们与生俱来的社会境况和自然禀赋并不是人们自身努力的结果，是不应得的。

在"反应得"理论的支持下，罗尔斯提出了更深层次的机会平等——"公平机会的平等"（equality of fair opportunity），其含义是："在社会的所有部分，对每个具有相似动机和禀赋的人来说，都应当有大致平等的教育和成就前景。那些具有同样能力和志向的人的期望，不应当受到他们的社会出身的影响。"（p.63）这种机会平等要求通过社会分配的调整确保社会中处于不同社会境况中的人们拥有获得相应才能的同等机会，是一种试图"拉平"每个人的社会境况的平等理想。其中，"社会境况"指的是每个人所处的文化背景、经济状况、社会地位等非自然的因素，这些因素都有可能对人们在社会中所取得的竞争结果造成影响。例如，出生于富裕家庭的子弟与寒门子弟相比就有可能获得更好的早期教育，而最终在社会竞争中取得较优的结果。"公平机会的平等"原则集中体现了"拉平社会境况"的机会平等理想。

当然，人们自出生之日起，其社会境况的许多方面就已经确定，不可能人为地改变这些社会现实以"拉平"每个人的社会境况。因此，所谓的"拉平"社会境况，只能以某种"优待"或"补贴"的方式帮助那些处于较差社会境况中的人们，以使他们获得与他人平等的起点。然而"优待"或"补贴"需要使用资源，这就意味着要对社会财富进行再分配，在这一过程中一些人的社会境况会变坏。基于这一点，"公平机会的平等原则"受到了罗伯特·诺奇克（Robert Nozick）等坚持资格理论的学者的批评。诺奇克认为，如果说人们对于机会平等有一种"权利"，那么"这些'权利'需要事物、物资和行为作为其基础，而别人可能对它们拥有权利和资格。任何人对这样的东西都不拥有权利，即它的实现需要利用别人已经对之拥有权利和资格的事物和行为"。① 简言之，坚持资格理论的学者认为，国家或政府采取"再分配"的手段以"拉平"人们的社会境况，必然会侵犯人们的所有权，会对人们所拥有的平等权利和自由造成威胁。

三 差别原则

在解释"适合于每一个人的利益"这一部分时，罗尔斯首先讨论了由意大利经济学家帕累托提出的"效率原则"。这是一种经济学中常用的、判断某种制度结构是否可取的原则，其含义是："一种结构，当改变它以使一些人（至少一个）状况变好的同时不可能不使其他人（至少一个）状况变坏时，这种结构就是有效率的。"（p.58）罗尔斯认为，如果我们在对第二个原则的解释中采用"效率原则"，那么就等于是说，符合效率原则的分配结构就是正义的。罗尔斯指出了这种解释的困难：可能同时存在许多种有效率的安排。例如，在两个人之间分10个苹果，那么每个人得到5个的分配是有效率的；一个人得到3个而另一个人得到7个的分配是有效率的；一个人得到1个而另一个人得到9个的分配也是有效率的。显然，这些分配方案在是否满足"平等"原则的问题上有着很大的区别。罗尔斯认为，单凭效率原则并不能确定一种分配结构是不是正义的，还需要考虑效率之外的其他因素，如平等。罗尔斯论述道："要找到一种正义观来挑选出一种有效率同时也是正义的分配形式。如果我们做到了这一点，我们将超越单纯对效率的考虑，而且是以一种与它相融的方式超越。"（p.61）

罗尔斯对效率原则的超越最终体现为差别原则："这一原则通

---

① ［美］罗伯特·诺奇克：《无政府、国家和乌托邦》，姚大志译，中国社会科学出版社2008年版，第286页。

过挑选出一种特殊地位消除了效率原则的不确定性。基本结构的社会和经济不平等将通过这一地位来判断。"（p.65）罗尔斯所说的这一"特殊地位"就是社会中的最小受惠者（Least advantaged class）。在罗尔斯看来，人们应该以社会中最小受惠者的生活前景是否得到增进来判断社会和经济的不平等安排是否正当，并进而判断一个社会是否正义。

通过"差别原则"，罗尔斯讨论了社会与经济不平等的限度。总的来说，社会与经济的不平等安排要以"最不利者利益最大化"为限。在此，罗尔斯区分了完全正义（a perfectly just scheme）与充分正义（just throughout）两种情况。完全正义的情况是：对状况较好的人的任何改变都不可能再增进状况最差的人的利益。也就是说，当一个社会达到完全正义时，最不利者的利益达到最大化。充分正义的情况是：任何状况较好的人的利益的增加都将促进最小受惠者的利益。也就是说，在充分正义的社会中不平等安排促进了社会中每一个人的利益，但还未使最不利者的利益最大化，还未达到最好的社会安排。在《正义论》一书中，我们经常会看到差别原则的两种表述：社会与经济利益的不平等安排要增进所有人的利益（表述一）；社会与经济利益的不平等安排要最大限度地增进最小受惠者的利益（表述二）。对于这两种表述之间的关系，一方面，差别原则的第二种表述是第一种表述的具体解释；另一方面，差别原则的两种表述分别表达了完全正义与充分正义两种情况。表述一对应于充分正义的情况；表述二对应于完全正义的情况。

完全正义与充分正义两种情况之间的关系可以从图3-1中得到更为清晰的解释：图3-1中X1、X2、X3分别代表了社会中的三个阶层的人，设X1是最有利者，X3是最不利者，X2为居间者。设X1的期望是沿水平轴画出的，X2与X3的期望是沿垂直轴画出的，我们可以看到在图中a点，X3达到最大值，也就是社会中的最不利者的利益达到最大化，因此这一点就是社会达到完全正义的情况；而在此之前的各点，当 X1 的值增大时，X2 和 X3 的值都相应增大，是社会充分正义但还未达到完全正义的情况。因此，正义原则所允许的社会和经济的不平等安排就只能以 a 点为限，超过 a 点，社会中最有利者 X1 的获利就是不正义的了。因为，在 X1 获利的同时，X2 或 X3 的利益在减少。此时，社会中最有利者的获利是以牺牲较少获利者的利益为代价的，不符合互惠的社会合作观念。

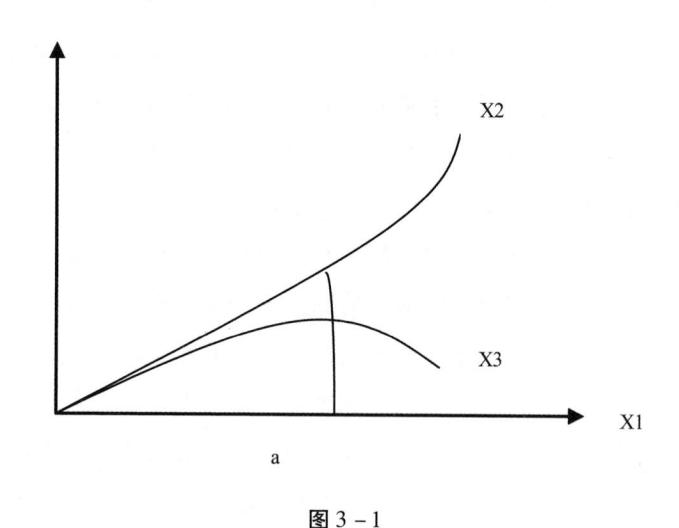

图 3－1

与此同时，图 3－1 还向我们展示了被罗尔斯称为"链式联系"的概念："如果一种利益提高了最底层人们的期望，它也就提高了其间所有各层次人们的期望。"（p.70）在图 3－1 中 a 点的左面的区域就体现了这种"链式联系"，因为在这一区域中，X3 曲线升高的任何一点，X2 和 X1 曲线都在升高。而 a 点右边的区域则不再存在 X1、X2、X3 之间的链式联系。在链式联系存在的情况下，"最小受惠者"的利益与其他阶层人们的利益是一致的，增大"最小受惠者"的利益，社会中其他所有阶层的成员利益也会增加。但是，如果链式关系不存在，例如在图 3－1 中 a 点右边的区域，这种一致性就不存在了。

在上面的图例中，罗尔斯选取了 X1、X2 和 X3 三个代表人。罗尔斯认为，在讨论社会分配问题时，要选取一些代表人。这些代表人可能处于社会中的任何位置（position），他们可能是一个农场主、一个大学教授、一个工厂工人……其实，每个人都有两种地位是与正义的两原则相关的，这就是：平等公民地位和在收入与财富分配中的地位。其中，"平等公民的地位"与第一个正义原则相关，而"收入与财富分配中的地位"与第二个正义原则相关。差别原则涉及的内容主要与人们在"收入与财富"分配中的地位相关。罗尔斯认为，在考虑社会和经济的不平等安排时要挑选多少个代表人，这并不是关键问题。关键问题是选出那群**最不走运**的人作为代表人。罗尔斯将在下述三个方面或其中一两个方面不走运的人当作"最小受惠者"的代表："这个群体包括那些其家庭与阶级出身是比别人较不利的；其（被实现的）天赋使他们所得甚少；在其生命历程中的运气又较差而使他们更为不幸的人。"（p.83）

罗尔斯具体论述了应该如何确定"最小受惠者"："一种可能的办法是选择一种特定的社会地位，比方说不熟练工人的地位，然后把所有那些与这一群体同等或收入和财富更少的人们与之合在一起算作最不利者。另一个办法是仅仅通过相对的收入和财富而不管其社会地位来确定。这样，所有达不到中等收入和财富一半的人都可以算作最不利的阶层。这一定义仅仅依赖于分配中较低的一半阶层，有使人集中注意最不利者与居中者相隔的社会距离的优点。这一距离是较不利的社会成员的境况的一个本质特征。"（p.84）

从上述引文中，我们看到罗尔斯认为既可以用绝对的生活水平（不熟练工人的生活水平）为标准来确定"最不利阶层"，也可以用相对的标准（中等收入和财富的一半）来确定"最不利阶层"。但是，罗尔斯在接下来的论述中将"最不利者"与"居间者"之间的距离看作"最不利的社会成员的境况的一个本质特征"。我们可以从这一论述断定，在罗尔斯看来，"最不利者"与"居间者"之间的相对差距才是其正义理论关注的焦点，亦即只有这种相对差距具有道德意义。差别原则试图优先帮助社会中的"最小受惠者"，不是因为他们的生活水平低于某一绝对值，而是因为他们的生活水平与社会平均生活水平的差距使得他们处于一种不正义的合作关系中，而罗尔斯的正义理论正是要通过对社会基本分配结构的调整，纠正这种不正义。基于上述分析，我们可以得出结论：罗尔斯的"差别原则"虽然不排除对"最小受惠者"绝对生活水平的关注，但是罗尔斯将"最小受惠者"与社会平均生活水平之间的相对差距看作"最小受惠者"的本质特征。罗尔斯在优先考虑"社会中最不利者"的利益时，更多关注的是人们的生活水平的相对关系，而不是其生活水平的绝对数值。

四　第二个正义原则的四种解释

在明确了第二个正义原则中①"有利于所有人"和②"平等地向所有人开放"这两部分的两种具体含义之后，我们就可以通过两两组合而得到对第二个正义原则的四种解释。如表3-1所示：

表 3-1①

"平等开放"	"符合每个人的利益"	
	效率原则	差别原则
作为前途向才能开放的平等	自然的自由平等	自然的贵族制
作为公平机会平等的平等	自由主义的平等	民主的平等

---

① 该表在《正义论》（修订版）英文原版第57页。《正义论》（修订版）中文版的翻译中 Liberal Equality 被翻译为"自由的平等"。笔者认为，这种翻译易引发误解，故依照惯例译为"自由主义的平等"。

第一，在自然的自由体系中，第二个正义原则的第一部分被解释为效率原则，第二部分被解释为"前途向才能开放"的机会平等。亦即，在自然的自由体系中，"满足了效率原则的、其中各种地位是向所有能够和愿意去努力争取它们的人开放的社会基本结构，将达致一种正义的分配"。（p.57）如前所述，在一个社会中，可能有许多种分配方案都满足效率原则，甚至包括那些极其不平等的分配方案。对于所有有效率的分配方案，自然的自由体系进行筛选的标准是"前途向才能开放"的机会平等原则。也就是说，在社会分配满足效率原则的前提下，如果经济和社会不平等安排是由人们创造财富的能力决定的，那么这种分配就是正义的，就是应该接受的。然而，正如罗尔斯指出的，人们的才能总是受到自然天赋（natural assets）的高低和社会财富最初分配的影响，而后者的最初分配并不是人们"应得"的；所以，从这个意义上来说，自然的自由体系没有能够排除自然和社会偶然因素对人们的不平等状况的强烈影响。罗尔斯总结道："自然的自由体系最明显的不正义之处，就是它允许分配的份额受到这些从道德观点看是非常任性专横的因素的不恰当影响。"（p.63）

第二，在自由主义的平等体系中，"前途向才能开放"被"公平机会的平等"所取代。这是一种更深层次的机会平等观念，旨在保证"在社会的所有部分，对每个具有相似动机和禀赋的人来说，都有大致平等的教育成就和前景"。（p.63）在这一限制之下，自由市场的安排被控制在一定范围内，以拉平人们在社会境况方面的不平等状况，保障公平竞争的社会条件。尤其是在教育资源的分配问题上，罗尔斯认为，"人们获得文化知识和技艺的机会不应依赖于一个人的阶级地位。学校体系——无论公立还是私立学校——都应该设计得有助于拆除阶级之间的藩篱"。（p.63）但是，罗尔斯仍然指出了自由主义的自由体系的缺陷："即使它完美地排除了社会偶然因素的影响，它还是允许财富和收入的分配受能力和天赋的自然分布的决定。"（p.64）在罗尔斯看来，人们的天资各不相同，天资的分布是自然抓阄儿的结果。我们没有理由让这种偶然因素决定最终的社会分配，而自由主义的平等体系并没有排除这种自然因素对社会分配的影响。

第三，在自然的贵族制体系中，正义的第二个原则的解释采取的是"差别原则"和"前途向才能开放"。在这样的分配正义观念中，社会并不对人们不平等的社会境况做任何补助性的调整，但是，"具有较高的自然禀赋的人们的利益将被限制在有助于社会的较贫困部分的范围之内"。（p.65）也就是说，除非经济和社会的不平等安排有利于社会中的最不利者，否则人们因较好的自然禀赋和社会境况或获得的较大利益就是不正义的。罗尔斯认为，自然的贵族体系虽然对自然和社会的偶然因素而引发的不平等做出了一些修正，但仍然没有能够完全排除这些偶然因素。如果我们引入"民主"的观念，将每个人当作平等的道德人来对待，就不会允许自然和社会的偶然因素决定权利和义务、财富和负担在人们之间的分配。因此，自然的自由体系、自由主义的平等以及自然的贵族制对正义的第二个原则的解释都是不可取的，唯一可取的是民主的平等的解释。

第四，民主的平等的解释结合了"公平机会的平等原则"和"差别原则"。据此，罗尔斯得到了正义的第二个原则的更为准确的表述。社会和经济的不平等应这样安排：使它们①适合于最小受惠者的最大期望利益；②依系于在机会公平平等的条件下职务和地位向所有人开放。这一表述下的正义原则一方面去除了偶然的社会因素对人们教育和成就前景的影响，另一方面使得自然偶然因素的影响只有在同时使社会中的最不利者受益的情况下才被允许。

五　民主的平等

罗尔斯对第二个正义原则之"民主的平等"的解释进行了深入的讨论。第一，罗尔斯认为，如此解释的正义原则体现出一定的平等倾向，其结果与"补偿原则"有一定的一致性。所谓"补偿原则"指的是，"由于出身和天赋的不平等是不应得的，这些不平等就多少应该给予某种补偿"。（p.86）差别原则虽然并不等同于补偿原则，并不要求抹平人们之间所有的不平等状况，但差别原则的应用会达到补偿原则的效果。罗尔斯认为，"差别原则实际上代表着这样一种同意：即把天赋的分布看作在某种意义上的一种共同资产（common asset），可以共享由这种天赋分布的互补性带来的较大社会与经济利益"。（p.87）在这里，罗尔斯表达了"自然天赋"是人类共有的资产的思想。在罗尔斯看来，人们的自然天赋不同，一些人天资聪慧而另一些人天生愚笨，在天资的问题上，人们可能是幸运的或者不幸的。但是，我们却不能说这种不平等的分布是不正义的。"自然资质的分布无所谓正义不正义，人降生于社会的某一特殊地位也说不上不正义。这些只是自然的事实。正义或不正义是制度处理这些事实的方式。"（p.87）差别原则使人们因自然或社会的偶然因素而获得的较优地位同时有利于最不利者的利益，这是一种对待命运中的偶然因素的公平方式。用罗尔斯的话来说，"在公平的正义中，人们同意相互分享各自的命运"。（p.88）

第二，罗尔斯认为，差别原则还表达了一种"互惠"的观念（A conception of reciprocity）。在一种合作机制中，当一些人的所得以另一些人的损失为代价的时候，这个合作就不再是"互惠"的，也就不再是正义的了。所以，当"最小受惠者"的利益达到最大值的时候，社会中经济和社会不平等就不应该再加剧。如果不平等程度继续加深，人们之间的互惠关系就会被破坏，而社会分配就是不正义的了。当然，罗尔斯也同意，在一种合作关系中，合作中的优势方（自然禀赋和社会禀赋都较好的一方）和弱势方（自然禀赋和社会禀赋都较差的一方）有着平等的权利要求期望的最大值，这似乎意味着合作的公平条件是"最大化两种期望的一个加权均值"。然而，罗尔斯却认为，如果将合作的公平条件设定为"最大化两种期望的一个加权均值"而不是"弱势方的最大期望值"，就不恰当地给予了优势方某种重视，这将再次优惠在自然禀赋和社会境况方面已经受惠的一方。因此，差别原则才是互惠的社会合作的公平条件，而不是"双方期望的加权均值最大化"。

第三，罗尔斯还认为，差别原则在某种意义上表达了"博爱"（fraternity）的观念。在法国大革命提出的政治口号——自由、平等和博爱——中，博爱似乎并没有像"平等"或"自由"那样，定义任何具体的权利，没有提出任何具体的制度要求。英文中的"博爱"一词来源于拉丁语，其本意是"像兄弟一样"。由此，罗尔斯从家庭成员之间的关系来推测博爱的确切含义："家庭在其理想观念中（也常常在实践中）是一个拒绝最大限度地增加利益总额之原则的地方。一个家庭的成员通常只希望在能促进家庭其他人的利益时获利。"（p. 90）罗尔斯对于博爱观念的阐释恰好符合差别原则的含义。这就使得博爱原则有了确切的含义，成为一个可以规定社会基本结构的原则。从这里我们也可以看到，罗尔斯将适用于家庭的原则扩大到由陌生人组成的社会，这与中国儒家所提倡的"老吾老以及人之老，幼吾幼以及人之幼"，有相似之处。罗尔斯将自由、平等和博爱的政治观念与自己对正义原则的阐释一一对应起来："自由对应于第一个原则；平等对应于与公平机会的平等联系在一起的第一个原则的平等观念；博爱对应于差别原则。"（p. 91）

第四，罗尔斯进一步指出，由正义的两原则所规定的社会将不是一个英才统治的社会（meritocratic society）。所谓的"英才统治"

的社会指的是，遵循"前途向才能开放"的竞争机制的社会。在这样的社会中，人们凭着自身的才能而获取各种社会资源和较优的机会。其显著特征是贫富差距的加大，以及上层阶级与下层阶级之间的疏离："较贫困阶层的文化枯萎凋零，统治和技术的精英的文化则牢固地建立在服务于国家的权力和财富的基础上。机会平等仅意味着一种使较不利者在个人对实力和社会地位的追求中落伍的平等机会。"（p.90）然而，在"民主的平等"的解释中，差别原则限制了等级制和不平等的程度，人们对资源和权力的获取不再依赖于各自的"才能"，不再受制于自然和社会偶然因素影响。这种对阶层分离的限制使得人们能够在更多的人际关系中作为平等的社会成员参与社会生活中来。

综上所述，正义原则是罗尔斯正义理论的核心内容。通过对正义原则各部分的具体讨论，罗尔斯确定了对两个正义原则的准确表述。第一个正义原则：每个人对与其他人所拥有的最广泛的平等基本自由体系相容的类似自由体系都应有一种平等的权利。第二个正义原则：社会和经济的不平等应这样安排，使它们①适合于最小受惠者的最大期望利益（差别原则）；②依系于在机会公平平等的条件下地位和职务向所有人开放（公平机会的平等原则）。（p.72）

第四讲
正义原则的选择

正义原则与形式限制
对两个正义原则的推导
平均功利原则
排除古典功利原则
排除完善原则和混合原则

正义原则的选择

前述两讲我们讨论了罗尔斯对原初状态的描述和从原初状态中推导出来的两条正义原则的表述。那么，站在原初状态下的理性人到底是通过什么样的推理来选出决定社会分配的正义原则的呢？这些订约者是以哪些限制条件排除了其他的正义原则，并最终选定罗尔斯所描述的两个正义原则的呢？在这一讲中，我们将依次讨论下述内容：正义原则的五条限制条件，原初状态下如何推导出两个正义原则，以及罗尔斯如何排除了利己主义原则、平均功利原则和古典功利原则。

一　正义原则与形式限制

罗尔斯认为，要穷尽所有可能的正义原则，为原初状态下的订约者呈现一个完整的清单，这是非常困难的，甚至是不可能的。因此，只能以一种简略而粗糙的方式，向原初状态下的订约者提供一个简化的清单，并要求他们在所列出的正义观的清单中就哪一个是最好的达成共识。罗尔斯提供的这一清单中包括五种正义观：作为公平的正义、古典目的论的正义观、直觉主义的正义观、利己主义（egoism）的正义观，以及混合的正义观。罗尔斯认为，在恰当描述的原初状态下，理性的订约者最终将对哪一种正义观是最好的达成一致，而这就是——作为公平的正义。

罗尔斯首先列出了原初状态的订约者在选择正义观及其相应的正义原则时的五条形式限制，他将这些限制称为"正当概念的约束"。罗尔斯论述道："原初状态中人们的状况反映了某些限制条件。他们可以选择的对象和他们对环境的知识都受到各种约束。我把这些约束称为正当概念的约束。因为它们不仅对正义原则的选择，而且对所有伦理原则的选择有效。"（p. 112）罗尔斯列举了五条人们熟知的限制条件，分别是：一般性、普遍性、公共性、规定优先次序、终极性。这些限制条件不仅对正义原则的选择发挥作用，而且也对更一般的道德原则的选择发挥作用。"正当概念的约束"虽然没有从内容上对正当原则或正义原则进行规定，却从形式上排除了正义原则清单中一些可能的选项，例如利己主义。

第一，罗尔斯认为，被选择的原则"应当是一般性质的，即必须能够不使用明显的专有名称或伪装的限定摹状词来概括原则"。（p. 113）按照罗尔斯的说法，任何带有专有名称（例如某某的姓名）的原则都不可能是正当的。例如，专制主义的原则——所有人都必须效忠于凯撒，这条原则带有专有名称，不满足"一般性"的要求，就不是一条正当的原则。

第二，被选择的原则还应该具有普遍性。罗尔斯认为，因为每个人都有平等的道德人格，所以选择的原则应该对所有人都有效。如果一条原则只对特定性别、肤色或阶级的人有效，那这条原则就不具有普遍性，就是不正当的。例如：规定女性工资仅为男性一半的法律就不是一条具有"普遍性"的法律，就是不正当的。罗尔斯还指出，"一个原则如果为所有人实行就会自相矛盾，自行挫败的，它就要别排除。同样，假如一个原则只有在别人服从另一个原则时遵循它才是合理的话，它也是不能接受的"。例如：如果一条法律规定所有人都可以随意拿走别人的东西，那么这样的法律必然会导致人们之间为了争夺物品而陷入混战。这将是一条自行挫败的法律，被排除正当原则之外。

　　罗尔斯深入分析了"一般性"和"普遍性"之间的区别。罗尔斯指出，一条具备"一般性"特征的原则，有可能不具备"普遍性"。例如：基于性别而区别对待人们的法律，虽然其陈述中没有专有名词，满足一般性的要求，但其应用却不是普遍的，不具备普遍性。相反，一些具备"普遍性"的原则也有可能不具备"一般性"。第一人称的专制利己主义原则（例如：每个人都要服从我），以及搭便车的利己主义原则（每个人都要交税，我可以不交）都是不具备"一般性"的典型例子。这两条利己主义原则虽然对于所有社会成员都是普遍适用的，但是其表达中出现了专有名词（我），因此不满足"一般性"的要求，是应该被排除掉的选项。

　　第三，"公共性"。在罗尔斯看来，原初状态下的各方是为一个公共的正义观而选择原则的，"公共性的目的是使各方把各种正义观作为被公共承认的和充分有效的社会生活道德法典来评价它们"。（p.115）在罗尔斯看来，康德的道德哲学要求理性行为者为目的王国立法，这是将目的王国设想为一个伦理的联合体，其中就包含了"公共性"的观念。

　　第四，罗尔斯认为从原初状态中推导出来的正义原则必须对相互冲突的要求赋予一种优先次序。如果一种正当的观念不能确定人们相互冲突的要求之间的次序，那么人们就只能将最终的裁决诉诸身体和武装的冲突。在罗尔斯看来，"根据威胁优势（threat advantage）来分配的观念并不是一种正义观"，因为，"人们接受正当和正义原则正是为了避免诉诸武力和诡计"。（p.116）在此，利己主义的第三种形式——一般的利己主义——正是被这一限制所排除的。一般的利己主义的表述是："每个人都被允许做他判断最有可能推进他利益的任何行为。"（p.117）这一原则虽然满足了"一般性"和"普遍性"两个要求，却无法在不同的个人利益之间排列出高低次序，也就无法解决不同利益之间的冲突。而人们为了最大限度地推进自身的利益，也就只能诉诸武力和威胁。因此，一般的利己主义同样不是一种正当的道德原则。至此，利己主义的三种形式——第一人称的专制主义、搭便车者利己主义和一般的利己主义——都从原初状态下的候选清单中清除出去了。

第五，"终极性"。罗尔斯认为，原初状态下的订约者推导出的正义原则应该是可上诉的最终原则，"各方应把这个原则体系看作实践推理的最后上诉法庭"。（p. 117）在罗尔斯所构想的契约论模型中，原初状态下的订约者将一次性地、永久地决定处理社会中各种不同利益诉求的最终原则。因此，人们在原初状态下选择的正义原则应该具有"终极性"的特征。

上述五个条件既是对正当观念的限制，也是对原初状态下将被选出的正义原则的限制条件。将它们合在一起，就可以得出结论："一种正当观念是一系列这样的原则：它们在形式上是一般性质的；在应用上是普遍使用的；它们要被公开地作为排列道德人的冲突要求之次序的最后结论来接受。"（p. 117）罗尔斯认为，这五条限制原则并不能排除任何一种传统的正义观。但是，它们确实排除了三种形式的利己主义。在具体阐述如何排除其他的正义观之前，罗尔斯给出了对两个正义原则的推导和论证。下面，我们具体看看两个正义原则是怎么从原初状态中推导出来的。

二 对两个正义原则的推导

罗尔斯认为，人们对于正义原则的选择必然是从平等分配的原则开始的。因为，处在原初状态下的任何订约者都无法专为自己赢得利益，而且人们也没有理由让任何人接受不利于他的条件。所以，平均分配就成为正义的第一个原则。这里的平均分配既包括对基本自由的平等权利，也包括机会的平等，以及收入和财富的平等。罗尔斯论述道："各方就从一个确立所有人的平等的自由的原则开始，这一平等的自由包括机会的平等和收入与财富的分配平等。"（p.130）通过最初的平等原则，罗尔斯不仅确立了自由和机会的平等，还确立了基本自由与机会公平平等的优先性，确立了第一条正义原则相对于第二条正义原则的优先性，以及第二条正义原则中第②部分相对于第①部分的优先性。①

对于第二条正义原则的第①部分（差别原则），罗尔斯认为，如果社会中有某种财富或权威分配的不平等能够使所有人的状况都比最初的平均状况要好，那么人们没有理由不接受这样的不平等。在罗尔斯看来，处在"原初状态"、具有"相互冷淡"的理性的人们，会将平均分配的直接得益作为将来更大回报的投资。也就是说，远见卓识的订约者将放弃眼前绝对的平均分配（对所有社会益品的平均分配），而接受某些经济和社会的不平等安排。因为，这些不平等作为一种有效的刺激，能够引发更有成效的努力，而这些努力又将使所有人获得更大的利益。于是，最初的平均分配的正义原则就演变为：平等地分配所有社会基本善，除非一种不平等的分配将有利于每一个人。这一原则确实很有说服力：如果人们并不抱嫉妒之心的话，为什么不选择一种能够使大家的境况都改善的分配呢，即使这种分配不是严格平均的？罗尔斯认为，"社会基本结构应当允许这些不平等，只要它们改善每一个人的状况，包括最不利者的状况，并假定它们与平等自由和公平机会相一致"。（p.131）值得注意的是，罗尔斯的上述推导充分地说明了两个正义原则是符合效率原则的。从完全平均的社会分配向"作为公平的正义"的转变是一种帕累托优化的过程，是从效率较低的社会分配向效率更高的社会分配转变的过程。一些当代学者批评罗尔斯

---

① 本书的第五讲"优先规则"将详细讨论罗尔斯正义学说中的优先问题。

的平等主义正义学说会遭遇"拉平反驳"①，是没有效率的。这种批评是站不住脚的。

差别原则的推导和论证是罗尔斯正义学说的重点和难点。对于差别原则的推导，罗尔斯不仅从效率原则的角度进行了论证，还应用不确定状态下的理性选择理论进行了论证。具体来说，罗尔斯借助"最大最小规则"（maximin rule）对差别原则进行了微观的推导。所谓"最大最小规则"是指按选择对象可能产生的最坏结果来排列选择对象的次序，然后采用最坏结果优于其他选项的最坏结果的选择对象。（p.134）我们可以用表4-1来帮助理解"最大最小规则"。如果我们假设在即将形成的社会中会有最有利者、最不利者和居间者三个阶层，而订约者可以有 D1、D2、D3 三种选择，三个阶层的人在三种选择中的获利情况如表4-1所示，其中数字代表获利的绝对量，数字越大获利越多②：

表4-1

选择＼阶层	最有利者	居间者	最不利者
D1	5	5	5
D2	8	7	6
D3	10	8	4

---

① "拉平反驳"是英国哲学家德里克·帕菲特（Derek Parfit）对平等主义的一个批评，指的是一些平等主义者主张单纯降低一些人的生活水平，以"拉平"不同人的生活水平，实现平等。帕菲特认为，单纯"拉平"一些人的生活水平以达到平等，这违反了效率原则，是不可取的。参见 Derek Parfit, "Equality and Priority", *Ration* (New Serious), X3 December 1997 0034-006, pp. 202-221。

② 此表与《正义论（修订版）》英文版中第134页注脚①的图类似，只是数字稍作调整。

设想一个站在"无知之幕"后面的订约者，他会做出什么样的选择呢？罗尔斯认为，由于不知道在即将形成的社会中，自己会处在哪一个阶层，原初状态中的订约者会根据"最大最小规则"选择 D2。因为在 D2 这一选项中，社会中最不利者的获利最大。我们可以仔细分析一下这三组选择所代表的意义。D1 代表的是一种平均分配，社会中所有人的获利都是同等的。如前所述，在罗尔斯看来这并不是一种最好的分配。在 D2 中，所有人的获利都要大于其在 D1 中的获利，因此，D2 是优于 D1 的分配。在 D3 中，社会中较有利的两个阶层的获利都要大于他们在 D2 中的获利，但同时社会中最不利阶层的获利却少于其在 D1 和 D2 中的获利，因此这也不是一种好的分配。总之，在罗尔斯看来，在原初状态下人们会根据"最大最小规则"做出自己的选择，所以一定会选择一个能使"最不利者利益最大化"的正义原则，而这正是差别原则。

"最大最小规则"是一种不确定状态下的理性选择规则，这一规则的应用并不是无条件的。罗尔斯借鉴威廉·费伦尔等人的研究总结出了使这一规则成为理性选择规则的三个条件：第一，不知道与可能性相关的信息。例如，在一个学校安排各班教师配备的过程中，如果负责安排者不知道自己的孩子会被分到哪一个班，就会平横各班的师资配备，不让哪一个班太差，以防自己的孩子被分到一个很差的班。第二，选择者有这样的善观念：为进一步的利益利用一个机会是不值得的，特别是在他有可能造成重大损失的时候。例如，比较表 4-1 中 D2 和 D3 两个选项，如果选择 D3，那么选择者有 66.7% 的可能性获得比 D2 更大的利益，也有 33.3% 的可能性获得比 D2 小的利益。而一个不愿为了 66.7% 的获利可能性而冒 33.3% 可能受损之风险的选择者就将选择 D2，而非 D3。第三，"被拒绝的选项有一种个人几乎不可能接受的结果"。（p.134）举一个极端的例子：一个人如果选择抢劫银行，他有 1% 的可能成为亿万富翁，也有 99% 的可能被投入监狱，而后一种结果是绝大部分人都无法接受的。那么，在抢银行还是不抢银行之间，人们就会遵循"最大最小规则"，而选择不抢银行。

罗尔斯认为，原初状态具有合理应用"最大最小规则"的三个条件。第一，处在"无知之幕"后面的订约者不知道任何关于可能性的信息。也就是说，人们无法知道在即将形成的社会中，自己会处于哪一个阶层。因此，人们会倾向于平衡各个阶层的利益，不使某个阶层的境况太差。第二，罗尔斯认为，处在原初状态下的人也不愿为了更大的利益而危及正义原则所保证的"令人满意的最小值"。罗尔斯认为，两个正义原则确立了人们在基本自由和机会平等方面的平等权利，同时还确保最小受惠阶层的境况达到可能的最大值，这就是"令人满意的最小值"。因此，原初状态下的人们不会为了更大的经济利益而冒险。第三，罗尔斯以功利主义原则为例，说明除两个正义原则而外的其他分配原则，有可能导致订约者无法接受的结果。例如：奴隶制、农奴制或者是为了更大的利益而侵犯个人自由的情况。

基于上述三方面的论述，罗尔斯认为处在原初状态的订约者一定会遵循"最大最小规则"，而选择"最不利者利益最大化"的分配原则，即差别原则。至此，罗尔斯依据效率原则和理性选择中的"最大最小规则"完成了对差别原则的论证。差别原则再加上最初的平等原则所确立的人们对于基本自由和机会平等的平等权利，罗尔斯成功地从原初状态中推导出"作为公平的正义"的正义观以及相应的两个正义原则。

三 平均功利原则

罗尔斯对正义原则的推导所遭遇的最大挑战来自"平均功利原则"（principle of average utility）。平均功利原则要求社会分配要最大化平均功利（人均），亦即，"制度的设定要最大化各代表人的期望的百分比加权和"。(p.140)这一正义观念脱胎于古典功利主义正义观。在罗尔斯所列举的正义原则的清单上，这两种原则都属于古典目的论的正义原则①。古典功利主义正义观要求社会制度的安排使社会整体的功利最大化，也被称为总额功利主义。在思想史上，边沁、休谟和亚当·斯密等思想家支持古典功利主义原则，而密尔和维克赛尔（Knut Wichsell）等思想家则支持平均功利原则。为了说明古典功利主义正义观与平均功利主义正义观之间的区别，假设：一个社会中有 x1、x2、x3 三个阶层，每个阶层的人数分别是 p1、p2、p3，同时 p1 + p2 + p3 = n，n 是社会中的总人口数；三个阶层的功利值分别是：u1、u2、u3。那么，按照古典功利主义原则，制度的设定就应该使得 ∑uipi = u1 × p1 + u2 × p2 + u3 × p3 达到最大值，而平均功利原则却要求制度的安排使得 ∑uipi/n = (u1 × p1 + u2 × p2 + u3 × p3)/n 达到最大值。显然，在社会中的总人口数 n 确定的情况下，古典功利原则与平均功利原则所主导的社会分配是一致的。因为，当平均功利达到最大值的时候，社会整体的功利等于平均功利乘以人口总数，也达到最大值；反之亦然。但是，考虑到人口数量的变化，这两种社会正义观就将导向不同的社会分配方案。古典功利主义的正义观可能支持一种能够大量增加人口数量，却并不显著提升平均功利值的社会分配方案。如罗尔斯所言："古典原则要求：就制度影响着家庭的大小、结婚的年龄等等而言，它们应该安排得使最大的功利总额得以实现。由此得出只要每个人的平均功利在人数增加时足够慢地降低，就应当无限定地鼓励人口的增长，而不管平均功利降得如何低。"（p.140）另外，平均功利原则却始终关注其是否达到最大值。罗尔斯认为，

---

① 在罗尔斯的论述中，古典目的论的正义原则包括古典功利原则、平均功利原则和完善原则。所谓"目的论"（teleology）指的是认为宇宙万物都有其自身的目的。人也有自身的目的，这种目的有可能是快乐的增加、幸福的实现或者是人的不断完善。目的论学说要求，人类社会的制度应该依据最能实现其目的的方式去安排。

站在原初状态下的订约者并不会关心人口增长和社会总体功利的问题。因此，相较于古典功利主义原则，人们更倾向于选择平均功利原则。由此，罗尔斯将平均功利原则作为自己要驳斥的主要对象。

支持平均功利原则的研究者与罗尔斯之间最大的分歧在于：在"原初状态"下，人们是否真的会遵循"最大最小规则"来进行选择，有没有其他的选择方案。如上所述，罗尔斯所设定的原初状态是一种不确定的状态，也就是说选择者不清楚自己在其选择结果中将处于什么位置，或者说处于某一位置的概率有多大。不确定状态下的选择问题是逻辑学、心理学、经济学以及政治哲学共同关心的问题。从20世纪40年代至50年代，大部分学者同罗尔斯一样，热衷于应用"最大最小规则"处理不确定状态下的选择问题。但在50年代之后，人们逐渐发现"最大最小规则"很可能使人们得出荒谬的选择结果。于是，人们开始转向应用贝叶斯学派（Bayesian School of Thought）提出的期望效用最大化（expected-utility maximization）原则来处理不确定状态下的选择问题。

约翰·豪尔绍尼（John C. Harsanyi）是倡导期望效用最大化的学者，他在对罗尔斯的批评中指出："如果你认真对待最大最小原则，那你甚至不能横穿马路（你终究有可能被车撞倒）；你无法开车通过大桥（桥毕竟有可能坍塌）；你永远也不会结婚（婚姻有可能演变成一场灾难）……"[1] 豪尔绍尼还进一步指出，原初状态下的人们会假设自己落入每个阶层的概率是相等的，这被称作"等概率"假设。在"等概率"的前提下，选择者的期望效用最大化就演变为平均效用最大化。豪尔绍尼认为，在原初状态下，订约者会采用"平均功利原则"来选择分配方案，而不是遵循"最大最小规则"。如果我们应用豪尔绍尼的"平均功利原则"来分析

---

[1] John C. Harsanyi, "Can the Maxmin Principle Serves as a Basis for Morality?" *American Political Science Review*, Vol. 69, 1975, pp. 594–606.

表 4-1 中的三种分配方案，我们就会选择 D3 而不是 D2。因为，D3 的平均功利比 D2 要大。

罗尔斯认为，"平均功利原则"中最有争议的问题就是关于"等概率"的假设。这里我们应注意，豪尔绍尼提出的"等概率"假设是一种"主观概率"。所谓"主观概率"指的是，选择者认为自己落入某一社会阶层的概率。这与选择者实际落入某一社会阶层的概率——客观概率——是不同的。由于在原初状态的设定中订约者不知道任何与自身位置相关的信息，而且原则的选择只与选择者的主观决定相关，所以在原初状态语境下所讨论的概率皆为"主观概率"。罗尔斯明确反对任何关于概率的假设。罗尔斯认为，任何对或然性的假设都依赖于某种特殊的信息（例如：订约者喜爱冒险的心理特质）。而原初状态下的订约者并不具备这样的信息。因此，原初状态下的人们对于自己会落入哪个阶层是没有概率假设的。在罗尔斯对"平均功利原则"的批评中我们看到：一方面，罗尔斯反对任何对于主观概率的假设（例如，认为自己在订约形成后的社会中处于优势地位的概率较高，或处于弱势地位的概率较高，等等）；另一方面，罗尔斯也反对单纯根据拉普拉斯非充足理由律（Laplace's Principle of Insufficient Reason）来推断或然性。拉普拉斯非充足理由律是在不确定状况下假设概率的一种方式，指的是：当完全没有关于或然性的信息时，各种可能的情况就被看作具有相同或然性的。例如：让我们从装有黑球和红球的盒子中取球，而完全不知道关于黑球和红球数量的任何信息时，我们就应当假定从盒子中取出黑球和红球的机会是相等的。

作为"平均功利原则"的支持者，豪尔绍尼为"等概率"的假设给出了相应的理由。豪尔绍尼认为"等概率"的假设可以被订约者之间"相互冷淡"的原则所证明：正是由于订约者并不**特别**关心某个人或某个阶层的利益，所以才会平等看待每一个阶层的利益，得出"等概率"的主观假设。豪尔绍尼进一步认为，"等概率"的假设还符合"在做出基本的价值判断时,给予每一个人的利益以同等的优先性"的道德原则。① 这条原则的实质即是康德所说的"将每一个人当作目的而非手段"的道德律令。因此,除非订约者应用"等概率"的主观假设,任何其他的或然性假设都是将概率高的阶层的利益置于概率低的阶层的利益之上。

在豪尔绍尼看来,罗尔斯所描述的订约者将应用"最大最小规则"来选择分配方案。这一设定隐含着对订约者的某种特殊规定。实际上,在讨论合理应用"最大最小规则"的第二个条件时,罗尔斯就明确指出"选择者有这样的善观念:为进一步的利益利用一个机会是不值得的,特别是在他有可能造成重大损失的时候"。这是一种典型的"保守观念"。罗尔斯的这一假定与他对"无知之幕"的设定之间存在张力。因为,在"无知之幕"的设定中,罗尔斯假定:订约者不知道自己的善观念、合理的生活计划,甚至不知道自己的心理特征,如讨厌冒险、乐观或悲观。而罗尔斯的订约者却似乎是讨厌冒险的一群人。实际上,对于原初状态下的订约者来说,因其主观概率假设不同,其选择的原则可能是多种多样的。除了"差别原则"与"平均功利原则"之外,英国经济学家鲍尔丁提出了"在确保底线收入的前提下最大化社会平均效用"的选择规则。这一原则是"差别原则"和"平均功利原则"的结合,被称作"底线优先原则"。鲍尔丁认为,在不确定的状况下,选择者实际上会选择"差别原则"与"平均功利原则"的折中方案。

值得注意的是,对于原初状态下人们的选择及其原则,我们并非只能做纸上谈兵的思想实验。20世纪80年代以来的实验经济学对于原初状态下人们会遵循什么原则来进行选择做了许多有意义的

---

① John C. Harsanyi, "Can the Maxmin Principle Serves as a Basis for Morality?" *American Political Science Review*, Vol. 69, 1975, pp. 594–606.

实验。诺曼·福诺里奇（Norman Frohlich）和乔·奥本海默（Joe A. Oppenheimer）两位政治经济学家在20世纪80年代和90年代做了一系列的分配正义实证研究。[①] 他们想要在实验室里检验人们是否会选择罗尔斯提出的"差别原则"。福诺里奇和奥本海默模拟了罗尔斯的"原初状态"，人们在不知道自己未来的境况的情况下对不同的分配方案进行选择，这些不同的分配方案中体现了平均分配、差别原则、平均功利原则以及底线优先原则四种不同的分配原则。被试者被分为5个小组，每个小组的成员可以经过讨论协商进行选择，如果达不成一致意见，就通过投票选出分配方案。实验显示，参加实验的145个被试者中，没有一组人同意"差别原则"。甚至有大约一半的被试者在问卷中把"差别原则"列为最差选项，这和罗尔斯的结论大相径庭。另外，在实验中有86%的被试者选择了"底线优先主义"的分配原则。其他的研究者，例如奥尔森在澳大利亚、加拿大、波兰、日本和美国，重复了福诺里奇和奥本海默的实验，发现了极其相似的结果。[②] 中国的实验经济学家也做了相应的实验。丁建峰在《无知之幕下的社会福利判断——实验经济学的研究》[③] 一文中介绍了他所做的实验。实验情况显示，相比于其他三种原则，底线优先原则是被选最多的项。这一结果再次印证了福诺里奇和奥本海默实验的结论：在"原初状态"下人们的选择大多是"差别原则"与"平均功利原则"的折中方案。

罗尔斯两个正义原则的推导部分地依赖于订约者在原初状态下对"最大最小规则"的应用。然而，理论和实验两方面的证据都

[①] 参见 Norman Frohlich, Joe A. Oppenheimer, Cheryl L. Eavey, "Laboratory Results on Rawls's Distributive Justice", *British Journal of Political Science*, Vol. 17, No. 1, Jan., 1987, pp. 1−21.

[②] Oleson, Paul. 2001. *An experimental examination of alternative theories of distributive justice and economic fairness*. Ph. D. diss., University of Arizona.

[③] 丁建峰：《无知之幕下的社会福利判断——实验经济学的研究》，《经济社会体制比较》2010年第3期。

向我们表明，原初状态下订约者并不必然遵循"最大最小规则"来选择分配方案。只有在设定订约者具有"保守"或"讨厌冒险"的心理特质的条件下，订约者才会遵循最大最小原则，而这一设定与罗尔斯对"原初状态"和"无知之幕"的描述之间存在张力。这些理论问题使得罗尔斯正义学说中的"差别原则"及其论证成为其后研究者们争论的焦点。

四 排除古典功利原则

除了平均功利原则之外，罗尔斯也将古典功利主义的正义观作为自己批评的主要对象。罗尔斯深入剖析了古典功利主义的论证逻辑及其弊端，并对比了古典功利主义的正义观与"作为公平的正义"之间的区别。罗尔斯认为，古典功利主义的推理中要求一个"不偏不倚（impartial）的同情的观察者"，只有通过这个设定才可能将适用于个人的原则推广至全社会的范围。依据休谟和亚当·斯密对这一同情者的定义，"假如一个拥有所有有关的环境知识、有理性的和不偏不倚的理想观察者将从一种普遍的观察点赞成某一事物，比方说赞成一个社会体系，那么这一体系就是正当的"。（p.161）罗尔斯认为，即使我们忽略这一说法中几个概念的含混不清（例如：赞成、相关知识等），我们仍然能发现"不偏不倚的同情的观察者"这一设定的严重问题。

第一，所谓"不偏不倚的同情的观察者"是一个完全的利他主义者。他无差别地看待自己的利益和社会中所有人的利益。这使得功利主义没有能够认真对待人与人之间的区别。每个人都只是被看作欲望满足的容器，无论其价值观念、道德信念以及人生计划是什么，这种看待人的方式完全抹杀了人的独特性。而且，通过"不偏不倚的同情的观察者"的设定，功利主义将适用于个人的理性选择原则扩展至整个社会。这种扩展并不像一个人为了身体的健康而忍受拔牙的痛苦那么简单。如果人们将应用于个人的理性选择原则应用于社会，就可能要求一些人为了社会整体的目的而牺牲自己的利益。这是要求每个人都成为一个完全的利他主义者，成为一个"不偏不倚的同情的观察者"。罗尔斯论述道："这样我们就达到了一个出乎意料的结论：一方面平均功利原则是一个有理性的（不反感冒险的）人的伦理学，这一个人试图最大限度地提高自己的前景；另一方面古典功利原则是完全的利他主义者的伦理学。"（p.164）在罗尔斯看来，古典功利主义原则要求人们成为利他主义者，这是对人们提出了苛刻的道德要求。

第二，罗尔斯指出，完全的利他主义在理论上存在逻辑困难。利他主义者是这样一种人，他们的欲望就是实现他人的欲望。因此，"只有别的什么人具有独立的或一阶的欲望，一个完全的利他主义者才能满足自己的欲望。假设在决定要做什么的时候，所有人都同样认为要做别人想做的事情。这样就什么都确定不了了"。（p.165）也就是说，如果所有人都是"同情的观察者"，都以推进别人的利益为己任，那么所有人都将无所适从。实际上，正义的产生正是因为存在利益的冲突，如果所有人都自愿地推进其他人的利益，那就不存在利益的冲突，正义问题也就不会出现。正是考虑到这一问题，罗尔斯才将原初状态下的人设定为"相互冷淡"的，这是正义问题出现的客观条件。

第三，设定一个不偏不倚的同情者实际上是以"爱"和"慈善"来解决不同人之间的利益问题。罗尔斯认为，"爱的一个主要成分即希望像另一个人的理性自爱所要求的那样去推进那个人的利益"。（p.166）但是，当爱的对象不止一个时，爱就不知所措了。因为，不同对象之间的利益有可能是矛盾的，爱这个人就可能伤害另一个人。这就像一个同情的观察者无差别地看待社会中每一个人的欲望的满足，但是当这些欲望之间相互矛盾时，这个不偏不倚的观察者就失去了方向。罗尔斯指出，出现这种情况的根本原因在于,"爱和慈善是次级概念:它们寻求推进被爱者的善"。(p. 167)与功利主义不同,两个正义原则从原初状态中推出自由的优先和公平机会的平等的优先,不会在不同的价值追求之间不知所措。

相对于"不偏不倚的同情的观察者"的设定,正义的两原则的推导并没有将人们设定为利他的,而是充分肯定了人们为推进自身利益而做的推理。同时,原创状态中"无知之幕"的设计限制了人们的自利行为,这使得"无知之幕"+"相互冷淡"的设计能在某种程度上实现功利主义中的以利他主义的观察者为出发点而达到的效果。对于"作为公平的正义"与功利主义原则之间的区别,罗尔斯论述道:"一面是完全的知识和同情的设定产生出一种对于满足的净余额的正确估计;另一面则是在无知之幕条件下的相互冷淡引出了两个正义原则。"(p. 163)罗尔斯认为自己的理论是从一种很弱的设定中演绎出来的,而功利主义的理论则需要很强的设定,对人们提出苛刻的道德要求。从这一点来说,"作为公平的正义"将更为可信。

在指出了功利主义的根本问题之后,罗尔斯还进一步阐述了选择两个正义原则而非功利主义原则的根据。第一,罗尔斯认为,"承诺的强度"是人们将在原初状态下选择两个正义原则的重要根据。在考虑正义原则的选择时,有正义感的人们会考虑自己是否能在任何困难的情况下都遵守或接受即将被选定的正义原则。因此,"他们不可能进入那些可能有不可接受的后果的契约。……在这方面,两个正义原则有一确定的优势,各方不仅可保护他们的基本权利,而且他们确信自己抵制了最坏的结果,在他们的生活过程中没有任何这样的危险:必须为了别人享受的较大利益而默认对自己自由的损害,这种默认是他们在现实的环境里可能承受不了的一种负担"。(pp. 153 - 154)因此,考虑到"承诺的强度",原初状态下的订约者更倾向于选择两个正义原则而不是功利原则或其他原则。

第二,罗尔斯认为,相比于功利主义的原则,两个正义原则更符合普通人的心理规律,将得到更多的支持,具有更大的稳定性。这是因为,"功利原则比两个正义原则更为要求一种与别人利益的认同。既然这种认同困难时,那么,对此要求较少的两个正义原则就是一种稳固的观念"。(p. 154)人们倾向于支持那些肯定他们自己的利益的原则,而功利主义原则却要求一些公民为了别人而接受自己生活的较差的前景,即使"同情"确实存在,但人们也会倾向于否定这样的原则。

第三,两个正义原则能够给予人们的自尊以较大的支持。罗尔斯认为,自尊来自对自己所做之事以及自己的目的的价值和意义的自信,来自一种自我价值感。自尊通常依赖于他人对自己的尊重,以及别人对自己所做之事的肯定。对两个正义原则的公开承认恰恰表达了人们之间的相互尊重,保证了人们的自我价值感。因为,"当社会遵循这些原则时,每个人的利益都包括在一种互利的结构中,这种在人人努力的制度中的公共肯定支持着人们的自尊"。而且,一种能给予人们的自尊以更大支持的正义观,也将增进社会合作的稳定性和有效性。相形之下,功利主义的正义观则较少支持人们的自尊。尤其是当一些人感到一种合作关系已经不再是互惠的,那些较少受惠者会体验到一种自尊的丧失,一种自我价值感的削弱。

第四,罗尔斯认为,在两个正义原则所主导的社会中,妒忌不会大到严重破坏社会秩序的程度。妒忌的产生正是源于自我机智感的丧失。当人们丧失了自信,妒忌就可能产生,甚至可能带着恶意而爆发,从而引发恶性的社会事件。然而,在一个遵循两个正义原则的社会中,虽然存在社会和经济的不平等,人们有可能产生妒忌之心,但是不会很严重,不会因妒忌而产生恶劣的后果。首先,对于公民自尊的保护,罗尔斯认为,契约论的正义观使得每个人都因一种至上的平等观而受到尊重。在差别原则的规定下,一些人的较大利益是为了补偿较少受益者的利益,一个人并不因为其德行的高尚而"应得"较大的份额。没有人认为占有较大份额的人在道德上具有更高的价值,每个人在道德意义上都是平等的。因此,作为公平的正义原则有利于维护人们的自尊,防止妒忌的产生。其次,罗尔斯认为,遵循差别原则的社会,其社会和经济的不平等不会过分。而且,一个组织良好的社会中有着各式各样的社团,这些社团将人们分成不同的群体,而这些群体之间的差别会淡化人们之间的直接比较。总之,一个组织良好的社会将提供许多建设性的选择机会以防止带有敌意的妒忌的产生。

第五,罗尔斯还认为,"两个正义原则在社会基本结构中表明了人们希望相互不把对方仅仅作为手段,而是作为自在的目的来对待"。(p. 156) 罗尔斯没有采用康德对于目的和手段的经典解释,而是借助契约论的观点进行解释:"把人作为自在的目的对待意味着至少要按照他们将在一个平等的原初状态中同意的原则来对待他们。"(p. 156) 两个正义原则正是人们将在原初状态中同意的原则,两个正义原则的应用正是将人当作目的而非仅仅视为手段:"所有人都有各种平等的基本自由,而且差别原则解释了把人仅仅作为手段和同时也作为目的本身之间的区分。在社会的基本设计中把人们视作自在的目的就是要同意放弃那些不能有助于每个人的期望的利益。"(p. 157) 与之相反,功利原则却没有能够将所有人同时视作目的,而是将一些人当作了另一些人的手段。在罗尔斯看来,"把人们视作手段就是准备为了别人的较高期望而不负担加在那些已经处在不利地位且有家底生活前景的人们身上"。(p. 157)

五 排除完善原则和混合原则

在罗尔斯列出的可供选择的原则清单上,完善原则与功利主义原则同属于古典目的论的原则。完善论是这样一种理论,它在不同的善观念和生活方式之间并非保持中立,而是特别鼓励或赞同某一种价值体系及其相应的生活方式，并认为人们只有在这种特定的生活方式中才能达到卓越和尽善尽美。罗尔斯以尼采的思想为例来解释完善论的特征：尼采时常赋予如苏格拉底、歌德等伟人的生命以一种绝对的重要性；人类必须不断地努力创造伟大的个体；人们通过为最高种类的善工作来赋予生命以内在价值；等等。（p.286）罗尔斯讨论的完善原则有两种变体："第一种是目的论的唯一原则，它指导社会按下述目的来安排制度并规定个人的义务和责任，即最大限度地达到人类在艺术、科学、文化方面的卓越性。"（p.285）这是一种非常纯粹的完善论观点，主张将完善论的原则作为安排社会分配的**唯一**原则。第二种完善原则是一种较为温和的观点，仅仅主张将完善原则作为安排社会分配的诸多原则之一。罗尔斯将第二种完善原则称为直觉形式的完善论。

伦理学中的直觉主义认为，伦理学中的一些基本概念（例如：善、应当）是不可定义、不可分析的概念。人们只能依靠直觉把握这些概念。罗尔斯深受直觉主义的影响，非常重视"直觉"在构建伦理道德体系中的作用，并且将直觉主义的许多观点应用到其正义理论的建构之中。在罗尔斯看来，直觉主义具有两个特征：一是由一批最初原则构成；二是不包含任何可以衡量那些原则的明确方法和更优先的规则，只靠直觉来决定衡量。也就是说，人们依靠直觉可以得知一些根本性的原则，却无法依靠直觉在相互冲突的原则之间进行选择。因此，所谓"直觉形式的完善论"指的就是：人们凭直觉能够找出一些安排社会分配的原则，其中包含完善原则。但是，这种直觉主义正义观并没有确定的标准以判断不同原则之间孰优孰劣。

对于完善论的原则是否会被原初状态下的订约者采用的问题，罗尔斯认为，严格的完善论原则绝对不会被原初状态下的理性人采纳。这是因为，完善论主张社会益品的分配应鼓励某一种特定的生活方式以及人类社会的卓越。如果要严格地做到这一点，完善论就必须提供一种方法来排列不同种类的成就并对相应的生活方式和价值观念做出评价。然而，依据"无知之幕"的设定，原初状态的订约者并不知道自己的善观念是什么，因此绝不会同意对不同善观念的任何一种固定排序。在罗尔斯看来，原初状态下的订约者知道他们具有某些道德和宗教信念，知道他们的善观念是不同的，因此，如果他们同意以"完善原则"来决定社会益品的分配，实际上"就是接受一个可能为了推进一个人的许多精神目标而导致一种较少的宗教自由或其他自由的原则"。（p. 288）换句话说，原初状态下的订约者并不希望为了推进人类社会的卓越而放弃自己的自由和利益。

可能会有人提出，罗尔斯所设定的原初状态包括"基本善"的概念。这一概念是否设定了某种关于"人类社会之卓越"的标准，以使得完善原则的应用变得可能？罗尔斯否定了这种说法。依据定义，"基本善"是无论一个人的理性生活计划是什么，都需要的东西。原初状态中的订约者希望得到更多的"基本善"。但是，人们对于基本善的需要与其自身的善观念没有关联。无论一个人的善观念是什么，或者说其理性生活计划是什么，他都想要得到尽量多的基本善。因此，罗尔斯得出结论："为使基本善成为指标而接受它们当然并没有确定一个卓越性标准。"（p. 288）所以说，在原初状态下，支持平等自由原则的论证反对确定任何"卓越性标准"，反对在不同的善观念和生活方式之间进行排序。

罗尔斯还进一步指出，一种完善论的伦理学实际上是要求"各方先验地接受某种自然义务：比方说促进具有某种风格和审美情趣的人的发展、促进对知识和艺术修养的追求的义务"。（p. 209）在罗尔斯看来，假定人们接受这样的自然义务将破坏对原初状态的描述，对人们施加了过多的道德要求，而且这种要求对于持不同善观念、有着不同的理性生活计划的人们来说是不公平的。这就像在现实社会中，任何团体都"不能以其活动具有更多的内在价值为理由,使用强制的国家机器来为自己争取更多的自由或更大的分配份额"。(p. 289)在罗尔斯看来,社会中发展特定的文化或艺术形式的经费应该来自其向人们提供之服务的公平回报,或者来自人们的自愿捐献。最后,罗尔斯总结道:"完善论不适合作为一个政治原则。"(p. 289)

罗尔斯认为,第二种温和的完善原则——直觉形式的完善论——似乎要合理得多。因为,直觉形式的完善论仅仅将完善原则作为诸种决定社会分配的原则之一。直觉主义的观点可能同时将两个正义原则、功利主义原则及完善论原则都作为社会分配时可能适用的原则。然而,罗尔斯指出,这种混合的正义观如果成立的话,其包含的每一个原则都必须在原初状态中被选择。这就使得直觉形式的完善原则也必然会遭遇严格的完善原则所面对的难题。因此,即便完善原则不是社会分配的唯一原则,将它作为多种分配原则中的一种也是不合适的。罗尔斯论述道:"在直觉形式中,完善论也可能遭到反对,因为它不能规定一个社会正义的可行基础。"(p. 291)

不仅直觉形式的完善论原则存在上述问题,而且其他形式的直觉主义正义观也包含上述困难。罗尔斯列举了三种形式的直觉主义正义观:(1)平衡总功利与平等分配原则的直觉主义观念;(2)平衡平均功利与补偿原则的直觉主义观念;(3)平衡一组(恰当的)自明原则的直觉主义观念。(p. 107)罗尔斯指出,在日常生活中,人们通常满足于列举出一些常识性准则和政策目标(例如:总功利最大化原则、平均功利最大化原则、补偿原则以及其他的一些常识性准则);但是,应该明确的是,对各种目标或准则的细致而精确的衡量不应该是依据现实而做出权衡。罗尔斯强调:"我们必须认识到:对各种目标的一种相当细致的衡量潜含在一种合理的完整的正义观中。"(p. 279)也就是说,人们不能以各种直觉到的准则拼凑出一种正义观,而只能在恰当设定的原初状态下通过理性推理而得到一种完整的正义观。因此，相对于"作为公平的正义"来说，这些企图平衡各种目标的拼拼凑凑的直觉主义正义观都是不可取的。

除了直觉主义正义观之外，罗尔斯还专门讨论了一种特殊的混合正义观，即以功利标准或某种限制条件下的功利标准来代替第二个正义原则所得到的混合的正义观。这其中包括以下述三种原则之一替代第二条正义原则的正义观：（1）平均功利原则；（2）受到（a）或（b）限制的平均功利原则；（a）应当维持某种社会的最低受惠值，（b）总分配不应太广泛；（3）受到第2点中（a）或（b）限制并与机会公平平等原则相结合的平均功利原则。（p.107）总之，不论这些混合正义观的混合方式如何复杂，都是将平均功利原则以某种方式混合到两个正义原则当中去，以取代公平机会的平等原则，或者差别原则。罗尔斯认为，这些混合观念都以接受第一个正义原则为前提，功利原则在其中处于从属地位。因此，这些混合观念都不能算作功利主义的。

罗尔斯认为，相对于包含功利主义因素的混合原则，差别原则是更容易解释和应用的。这是因为，任何功利主义的原则在实际应用中都必须进行人际比较。"我们必须对不同代表人的功利函数作出某种估计，并在它们之间建立一种人际一致。"（p.281）罗尔斯简单分析了源于埃奇沃思的功利测度方法和纽曼-摩根斯坦定义的功利测度方法。在罗尔斯看来，这些功利测度方法都证明，人际比较不可避免地将一些从道德观点来看是任意的因素引入正义观念当中。举例说明：假设，我们以客观的收入＋财产来定义每个人的功利函数，并进行人际比较；那么，收入＋财产越多的人的功利值就越大。然而，这显然是不合适的。因为，每个人的价值观不同，钱多的人并不一定就更幸福，而钱少的人也不一定不幸福。我们也可以主观的方式来定义"功利"，将其定义为理性欲望的满足；那么，理性欲望满足的程度越大，其功利值就越大。但是，这种定义的方式又可能忽视人们理性欲望之间的巨大差别，还有可能将许多不正当的理性欲望计算在内。一些人的理性欲望是环游太空，而另一些人的理性欲望仅仅是填饱肚子。很难说一个拼尽全力刚刚能填饱肚子的穷光蛋比一个腰缠万贯但没有能够如愿以偿地环游太空的亿万富翁还要幸福。所以说，功利主义所要求的人际比较要求以统一的尺度对人们做出评价，无法恰当地处理人与人之间的差别；因此，也就没有能够平等地对待不同的善观念和理性生活计划。对于混合正义观，罗尔斯总结道："从原初状态的观点来看，这不是切实可行的社会正义观的一个部分。相反，两个正义原则更可取，且运用起来要简单得多。通观全局，我们还是有道理来选择差别原则或者说完整的第二个正义原则，而不选择在一种混合观念中受到限制的功利原则。"（p. 285）

综上所述，罗尔斯借助平等原则、效率原则和理性选择理论中的"最大最小规则"对两个正义原则的推导进行了论证。除此而外，罗尔斯还通过"正当概念的形式限制"等理论工具排除了各种形式的利己主义原则、古典的目的论原则、直觉主义原则与混合原则。通过正反两方面的论证，罗尔斯成功地从原初状态中推导出"作为公平的正义"的正义观以及相应的两个正义原则。

第五讲
优先规则

何谓"优先规则"
有关自由优先的争论
"差别原则"破坏了"自由"的"优先性"

优先规则

"优先规则"（priority rules）是罗尔斯正义理论的核心组成部分之一，在理论结构上起到规定正义的两条原则以及第二条正义原则中的机会平等原则与差别原则之间的优先次序的作用。罗尔斯提出"优先规则"的理论基础在于权利和自由在自由主义政治体制中的核心重要地位。作为自由主义的当代诠释者，罗尔斯继承了自然权利论者对于权利的基本看法，将权利作为规范社会基本结构的根本和基础。罗尔斯认为："每个人都有一种基于正义的不可侵犯性，这种不可侵犯性即使以社会整体利益之名也不能逾越。……在一个正义的社会里，平等的公民自由是确定不移的，由正义所保障的权利决不受制于政治的交易或社会利益的权衡。"（p.4）正是基于对权利之不可侵犯性的坚持，罗尔斯确立了"平等的基本自由"在社会基本结构中的优先地位，将两条正义原则进行"词典式"的排序，规定它们之间不同等级的优先性。

在优先性的问题上，我们需要注意罗尔斯正义学说中的"一般正义观"与表述为两个正义原则的"特殊正义观"之间的细微区别。罗尔斯的"一般正义观"的表述是："所有社会价值——自由和机会、收入和财富、自尊的社会基础——都要平等地分配，除非对其中的一种价值或所有价值的一种不平等分配合乎每一个人的利益。"（p.54）在一般正义观中，自由与其他社会价值的地位是一致的，都可以按照"差别原则"的方式分配，即平均分配，除非有一种分配有利于所有人。但是，在两个正义原则的表述中，自由被第一个原则所规定，只能平等地分配，而不能以"差别原则"的方式进行分配。这就是罗尔斯再三强调的"自由的优先性"。也就是说，即使是为了增进社会中所有人的利益，也不可以将基本自由进行不平等的分配，而一般正义观并没有强调这一点。换句话说，在一般正义观中，如果对自由的某种不平等安排可以让所有人的利益都增加，那么就可以在自由优先的问题上妥协。研究者们对正义原则的两种表述为什么会出现这样的偏差有多种解释①，但笔者认为，罗尔斯本人大概并没有清楚地意识到这种区别，只是将一般正义观当作更抽象的一种表述而已。在罗尔斯的正义理论中，他真正深入讨论的是两个正义原则。也只有两个正义原则才准确地表达了他对社会正义的理想："在大多数地方，我将把这个一般的正义观搁置一边，而是考察处于先后次序中的那两个原则。这一做法的优点是从一开始就注意到优先的问题，并努力想找到处理的原则。"（p. 55）下面，我们来具体分析罗尔斯正义学说中的优先规则。

一　何谓"优先规则"

在罗尔斯的正义理论中，权利和自由的重要地位是通过两条正义原则以及相应的优先规则而得到确立的。与正义原则的推导一样，相应的优先规则也是从原初状态中推导出来的。原初状态中的订约者不仅将决定两个正义原则的内容，而且将区分出不同原则之间的优先次序，决定一个正义社会必须优先满足的价值要求。下面，笔者将首先列出罗尔斯正义理论的两条正义原则及相应的优先

---

① 参见姚大志《罗尔斯》，长春出版社2011年版，第32—34页。

规则：

第一个正义原则：每个人对与所有人所拥有的最广泛平等的基本自由体系相容的类似自由体系都应有一种平等的权利。

第二个正义原则：社会和经济的不平等应这样安排，使它们：①适合于最少受惠者的最大利益；并且②依系于在机会公平平等的条件下职务和地位向所有人开放。

第一条优先规则（自由的优先性）：两个正义原则应以词典式次序排列，因此，自由只能为了自由的缘故而被限制。

第二条优先规则（正义对效率和福利的优先性）：第二个正义原则以一种词典式次序优先于效率原则和最大限度追求利益总额的原则；公平机会优先于差别原则。（p. 266）

所谓"优先规则"指的是规定不同正义原则的先后顺序的规则，这被罗尔斯称作词典式序列（lexical order）："这是一种要求我们在转到第二个原则之前必须充分满足第一个原则的序列，而且，在满足第二个原则之后才可以考虑第三个原则，如此往下类推。……那些在序列中较早的原则相对于较后的原则来说就毫无例外地具有一种绝对的重要性。"（p. 38）与优先规则相关的"优先性"是罗尔斯在批评直觉主义时提出的概念，罗尔斯认为，人们凭借直觉可能感悟到一系列重要的社会价值，例如：平等、效率、自由，等等，但如何在不同的社会价值之间进行选择，直觉主义却没有给出建设性的回答。因此，我们需要一种确定"优先性"的规则，以便在不同的原则之间进行排序。

在罗尔斯列出的优先规则中，第一条优先规则（自由的优先性）的含义是：在正义的两条原则中，第一条正义原则优先于第二条正义原则的。也就是说，社会基本结构的设置必须首先满足每个人拥有平等的权利，才可以考虑社会财富的分配问题以及社会地位和职务的分配问题。用罗尔斯的话来说，"社会基本结构要以在先的原则所要求的平等的自由的方式,来安排财富和权力的不平等。"(p.38)而且,"对第一个原则所要求的平等自由制度的违反不可能因较大的社会经济利益而得到辩护或补偿"。(p.54)即使"当经济回报是巨大的,而人们通过运用权利影响政策过程的能力却是微乎其微的时候……这种交换仍是上述两个原则(正义原则)要排除的交换"。(p.55)换句话说,人们的经济利益和他们所拥有的基本权利是不能进行交换的,我们不能以较大的经济利益为补偿来剥夺任何人的平等权利。

第二条优先规则有两个部分,前一部分规定的是差别原则相对于效率和福利原则的优先性,后一部分规定的是"公平机会的平等原则"相对于差别原则的优先性。其中第一种优先性规定了差别原则相对于效率和福利原则的绝对重要性:除非满足了差别原则(即最弱势群体的利益得到最大化),否则不能考虑效率和福利最大化的问题。第二种优先性规定了"公平机会的平等"相对于差别原则的重要性,亦即只有满足了在"机会公平平等的条件下职务和地位向所有人开放",才能考虑差别原则对社会分配的要求。通过两条优先规则,罗尔斯实际上对其正义原则做了如下的词典式排序:①平等的自由原则;②公平机会的平等原则;③差别原则;④效率原则和最大限度追求利益总额的原则。其中,①优先于②,②优先于③,③优先于④。

从上述词典式排序的结果中我们可以得出这样的结论:根据罗尔斯的正义理论,在社会基本结构的安排中,我们应首先保证所有公民的平等权利,其次是保证所有公民的"公平机会的平等",再次是最小受惠者的利益,最后才考虑效率和社会整体福利。在权利、机会平等、最小受惠者的利益以及效率和社会整体福利四个目标中,排在前面的目标相对于排在后面的目标具有绝对重要性,除非前面的目标已经满足,才可转而考虑后面的目标;而且在考虑后面的目标时,也绝不可影响到排在序列前面的目标。

罗尔斯对优先规则进行了深入而具体的阐释。对于第一条优先规则，罗尔斯认为："自由的优先意味着自由只有为了自由本身才被限制。"（p.215）罗尔斯列举了自由受到限制的两种情况：一是基本自由可能是平等的，但不够广泛；二是基本自由是不平等的。对于第一种情况，人们的自由可能出于下述原因而受到同等的限制：为了维护公共秩序和公共安全而对良心和思想自由进行调节；为了保护个人自由而对多数裁决规则范围进行限制；约束某些不宽容团体的自由；限制竞争团体的暴力。在这些情况下，人们拥有不够广泛的自由，但是对自由的限制是正当的，是因为自由的缘故而对人们的自由进行了同等程度的限制。对于第二种情况，罗尔斯讨论了某些人比其他人拥有更多的政治自由（例如：表决权）的情况。罗尔斯认为："在许多历史情况中，一种较小的政治自由可能被证明是正当的。……不平等的政治自由也许可以设想是对历史限制的一种可允许的适应。"（p.217）但无论如何，罗尔斯认为，农奴制、奴隶制和对宗教的不宽容在任何历史情境下都是不被允许的。换句话说，不平等的自由除非是在特定历史境况下为了更多人的更广泛的自由而做出的必要让步，否则就得不到辩护。更进一步，罗尔斯还为这种不平等的自由添加了一个限制条件，这就是：对自由的不平等安排必须是在排除了更大的不正义的情况下才能被看作正当的，而且这种不平等安排必须为那些拥有较少自由的公民所接受。由此，通过对上述两种情况的讨论，罗尔斯就将第一条优先规则扩展为：两个正义原则应以词典式次序排列，因此自由只能为了自由的缘故而被限制。这有两种情况：①一种不够广泛的自由必须加强由所有人分享的完整自由体系；②一种不够平等的自由必须可以为那些拥有较少自由的公民所接受。

对于第二条优先规则（公平机会平等的优先），罗尔斯结合正义的储存原则进行了更为具体的讨论。罗尔斯认为，正义的储存原则不仅向人们提出了为了下一代的利益而进行储存的要求，而且也给出了积累率的上限，即这种积累不能破坏人们之间公平机会的平等。在这个问题上，罗尔斯批评了凯恩斯的观点。凯恩斯认为，财富分配的不平等有助于资本的急剧增加，较高的积累率使得社会整体利益的快速增长成为可能。然而，罗尔斯认为，财富分配的不平等的加剧会侵犯公平机会的平等原则。相比于社会财富的增长，以及一般生活水平的提高，各阶层人们的公平机会的平等具有更大的道德意义，是更为重要的。罗尔斯论述道："公平机会的优先意味着我们必须给那些具有较少给予的人以机会。我们必须坚持认为，更广泛的可向往的选择对象是对他们开放的，而不是相反。"（p. 265）由此，罗尔斯对公平机会的优先规则进行更为精准的阐述：第二个正义原则以一种词典式次序优先于效率原则和最大限度追求利益总额的原则；公平的机会优先于差别原则。这有两种情况：①一种机会的不平等必须扩展那些机会较少者的机会；②一种过高的储存率必须最终减轻承受这一重负的人们的负担。

二　有关自由优先的争论

对于罗尔斯在讨论自由的优先性时所说的："自由的优先性意味着自由只有为了自由本身才能被限制"，一些学者提出了反对意见。举例说明，在一场自由的辩论中，每个人都拥有言论自由，人们提出针锋相对的观点。此时，为了使辩论更有成效，必须制定辩论的规则。由此，每个人的言论自由都必须受到辩论规则的限制，否则人们将陷入一场毫无结果的唇枪舌剑。在这个例子中，每个人的自由都受到了一定的限制。但是，人们却拥有了更加广泛和更加平等的自由。然而，我们如何才能判断我们的自由体系在朝着更完整更平等的方向发展呢？英国学者哈特认为，我们在应用"自由只有为了其本身才能被限制"这一原则处理相互矛盾的要求时，必然要借助功利主义者所使用的类似"共同利益"这样的概念，以判断如何拓展我们的自由体系。比如在上述自由辩论的例子中，我们所要考虑的是如何能使辩论富有成效，如何能使每个人在辩论中获得自尊并不受干扰地表达自己的观点，等等；而这些考虑都是超出自由本身的原则。正如哈特所说："不借助功利主义的考虑，或者所有个人有资格拥有的人类尊严或道德权利这样的概念，很难理解这些平等公民的代表如何能够解决这样的争端。"① 在哈特看来，我们很难在自由本身当中找到限制自由的理由，而只能从别的道德哲学基础中寻求根据。

为了回应相关的质疑，罗尔斯对自由的优先性做出了更为深入的论证。罗尔斯认为，在与经济利益、社会地位、教育或就业的机会等其他基本善的比较中，平等的自由具有绝对重要性。在此基础上，任何形式的交换都是不被允许的。罗尔斯首先通过原初状态的设置来证明自由的优先性。在《正义论》的第一版中，罗尔斯论述道："如果原初状态中的人们假定他们的基本自由能够有效地加以运用，他们一定不会为了经济福利的改善而换取一个较小的自由，至少是当他们获得了一定数量的财富之后不会这样做。"② 也就是说，当人们的生活达到一定的福利水平，应用各种基本自由的条件都得到相应保障的时候，人们就不会再为了较大的物质财富而牺牲自己的权利和自由。罗尔斯并不认为，只有当所有的物质需要都已得到满足，人们才不会以自由和权利作为交换，而宁可说"物质欲望不那么具有诱惑性，不致使处在原初状态的人们为满足它们而接受一种很不平等的自由"③。然而，哈特针对这一论证提出了反对意见。哈特认为，根据罗尔斯的设定，在原初状态下的订

---

① H. L. A. Hart, "Rawls on Liberty and Its Priority", *The University of Chicago Law Review*, Vol. 40, No. 3, Spring, 1973, p. 545.
② [美]约翰·罗尔斯：《正义论》，何怀宏、何包钢、廖申白译，中国社会科学出版社 2006 年版，第 545 页。
③ [美]约翰·罗尔斯：《正义论》，何怀宏、何包钢、廖申白译，中国社会科学出版社 2006 年版，第 546 页。

约者处在无知之幕后面,他们对于自己的喜好和欲望一无所知,所以根本无从在平等的自由和其他的基本善之间做出确定的选择。只有当他们真正进入社会、无知之幕被掀开之后,每个人才可能知道自己是更爱平等的自由,还是更爱物质利益,或是更爱其他的基本善。① 由此,罗尔斯在《正义论》(修订版)中改变了原先的说法。他将原初状态下订约者会赋予自由以优先性的理由重新阐述为:"各方把他们自己视为自由的人,能修正并改变他们的最终目的,并赋予维护他们在这方面的自由以优先性。"(p. 475)② 也就是说,正因为原初状态下的人们不知道自己的最终目的是什么,所以他们赋予制定和修正最终目的以及相应的理性生活计划的"自由"以优先性。

罗尔斯对自由的优先性的第二个论证基于维护所有公民的自尊的根本重要性。罗尔斯认为,在所有的社会基本善中,自尊是一种主要的基本善,而且"在一个公正的社会中自尊的基础不是一个人的收入份额,而是由社会肯定的基本权利和自由的分配"。(p. 477)罗尔斯认为,人们不会接受一种比平等的自由更低的自由。因为,这样做不仅会损害他们的利益、削弱其政治地位,还会把他们由社会基本结构所规定的弱点公之于众。(p. 477)对于这一论证,也有许多学者提出了质疑。例如:罗伯特·泰勒指出,这一论证存在两个问题:第一,为什么在所有的基本善中,自尊的基本善具有中心地位?泰勒认为:"论证基本自由具有词典式的优先性的唯一方法就是论证它所带来的好处(interest)是不能与任何其他利益相交换的(不论以什么样的比例),保护所有公民的自尊

---

① 参见 H. L. A. Hart, "Rawls on Liberty and Its Priority", *The University of Chicago Law Review*, Vol. 40, No. 3, Spring, 1973, p. 545。
② 《正义论》第一版和修订版的 82 节"自由的优先性的根据"有较大出入,如罗尔斯在《正义论》(修订版)的"序言"中所述,这是他吸取了哈特的批评而做出的改动。

可能是这样一种善，但罗尔斯的论证却没有告诉我们为什么。"①第二，为什么自尊的基础不是个人的收入份额，而是基本自由和权利的分配？泰勒举例说，那些极小的并不会威胁到每个公民的平等地位的对基本自由的约束并不会损伤人们的自尊。另外，根据罗伯特·诺齐克对自尊的分析②，人们的自尊源于将自己与其他人进行的比较。这种比较受制于每个人的心理偏好，可能是关于各种可比项的比较，例如：身高的比较、收入的比较、社会地位的比较、闲暇时间多少的比较、职位高低的比较……正是在这一系列的与他人的比较之中，每个人形成对自己的评价，并以此获得自我价值感和自尊。因此，自尊的获得并不仅限于基本自由的分配，还与社会基本结构中财富、地位与各种机会的分配息息相关，甚至与每个人的心理状态相关③。由此看来，罗尔斯的观点——自尊的基础在于基本自由的分配——存在很大的争议。

从上述论述中我们看到，确定自由的优先性的第一条优先规则在论证和解释上都存在困难，这也导致了在实际的应用中，很难一以贯之地执行优先规则。甚至罗尔斯本人也得出这样的结论："一般来说，一种词典式次序虽然**不可能很准确**，但它可以对某些特殊的但却有意义的条件提供一个大致说明。"（p.40）优先规则为什么无法被严格地执行，从根本上来说是因为优先规则与差别原则之间存在紧张关系，正是由于罗尔斯正义理论中的这一内在矛盾，才使得优先规则的应用变得困难重重。

---

① Robert S. Taylor, "Rawls's Defense of the Priority of Liberty: A Kantian Reconstruction", *Philosophy & Public Affairs*, Vol. 31, No. 3, Summer, 2003, p. 251.
② 参见［美］罗伯特·诺齐克《无政府、国家和乌托邦》，姚大志译，中国社会科学出版社2008年版，第287—294页。
③ 诺齐克认为，在将自己与他人进行比较时，每个人会有不同的偏好，对不同的可比项采用不同的"权重"。举例来说，一些人专比自己的长项，这样的人就很容易获得自尊，而另一些人专比自己的弱项，这样的人极易丧失自尊而生妒忌之心。因此，在外界条件难以改变的情况下，人们还可以通过改变比较的"权重"而获得自尊。

三 "差别原则"破坏了"自由"的"优先性"

在罗尔斯的正义理论中,"差别原则"与"自由的优先性"可谓是其理论的两大支柱,用罗尔斯自己的话来说:"作为公平的正义的力量来自这样两件事情:一是它要求所有的不平等都要根据最少受惠者的利益来证明其正当性;二是自由的优先性。"(p.220)然而,支撑着罗尔斯正义理论的这两大支柱之间却存在紧张关系。实质上,罗尔斯所强调的差别原则,有可能从根本上颠覆不同正义原则之间的优先顺序。下面笔者将分两步证明这一点。

第一,我们首先考察第二条正义原则中①和②两部分的排序问题。如上所述,根据罗尔斯的优先规则,在第二条正义原则中,"公平机会的平等原则"优先于"差别原则"。也就是说,在一个正义的社会中,社会基本结构的安排要首先满足"公平机会的平等",使得有相似天赋和相同志向的人们,不论其家庭背景、社会阶层、性别、种族、肤色……都能取得相同的社会地位和经济利益。在这样的情况下,我们才可以考虑,那些获得较多收入,处于社会中较高地位的人们,他们所获得的利益是否有助于增进社会中最少受惠者的利益,并以此判断他们的所得是否正当。这一推理看似没有问题,却经不起更具体的推敲。

假设,在一个正义的社会中,两个智力相当的年轻人都想成为建筑师。他们一个出生于穷乡僻壤(A),一个出生于发达城市(B),在"公平机会的平等"原则下,他们都如愿以偿地当上了建筑师,并获得了相同的较高收入。此时,那个出生于穷乡僻壤的建筑师A将自己的收入大部分用来资助乡村失学儿童,而那个出生于发达城市的建筑师B则将自己的大部分收入都用来买酒喝了。那么,按照罗尔斯差别原则的理解,B的较高收入并没有有利于社会中的最少受惠者,他的较高收入不应被看作正当的。所以我们应该做的也许就是以税收的方式减少 B 的收入。但是，如果我们减少了 B 的收入，那么 A 与 B 的收入就不再相同，"公平机会的平等"原则就得不到满足了。如果我们要坚持罗尔斯的优先规则，就必须给予 A 和 B 相同的收入，以首先满足"公平机会的平等"原则；而如果我们要坚持差别原则，就必须减少 B 的收入，因为他的较多收入没有使社会中的最少受惠者获益，是不正当的。由此，这一例证的分析向我们展现了第二条优先规则中的第二部分与"差别原则"之间的紧张关系。

上述的微观论证可能会遭到罗尔斯及其支持者的否认，因为罗尔斯认为他的正义原则仅仅适用于整个社会的基本的宏观结构，而任何微观反例对于这些原则都是不相关的。也就是说，也许在具体的事例中，差别原则与优先规则会产生矛盾，但从社会的整体结构来看，它们之间是没有矛盾的。诺齐克在《无政府、国家和乌托邦》一书中专门讨论了"微观和宏观"的问题。诺齐克并不同意罗尔斯回应微观反例的辩护，诺齐克认为，"原则可以在大小两种情况下反复试验"，这在柏拉图以来已经成了一种传统。① 而且，"对于我们中的许多人，达到罗尔斯称之为'反思平衡'之过程的一个重要组成部分就是'思想实验'，而在这种思想实验中，我们在假设的微观情况下反复试验各种原则"。② 笔者赞同诺齐克的观点，一种规定宏观结构的原则理应通过微观的检验，否则很难证明这种宏观原则的有效性。

进一步说，即使我们暂且认同罗尔斯的观点，不以微观的例证来反驳其理论，我们仍然能从宏观上分析得出结论："公平机会的

---

① ［美］罗伯特·诺齐克：《无政府、国家和乌托邦》，姚大志译，中国社会科学出版社 2008 年版，第 245 页。
② 参见［美］罗伯特·诺齐克《无政府、国家和乌托邦》，姚大志译，中国社会科学出版社 2008 年版，第 244 页。此处译文为笔者参照英文原文重译的，与原译文有所出入。

平等"相对于"差别原则"的优先性与"差别原则"之间存在矛盾关系。罗尔斯所阐述的差别原则是一条"最终—状态原则"（end-state principle）①。依据"差别原则"，我们不需要考虑造成社会和经济不平等的"历史"，我们通过判断"不平等"是否使社会中最弱势群体的利益最大化，从而确定其正当性。这使得我们可以无视不平等的形成是否来自个人努力、天资禀赋、社会环境或是其他什么原因。与此相反，"公平机会的平等原则"要求我们评估人们达到特定社会和经济利益水平的"历史"，并以此为依据来确保实质的机会平等。因此，虽然在两个原则中"公平机会的平等原则"处于优先地位，应首先满足；但是，当我们用"差别原则"来判断"不平等"是否正当的时候，却完全不再考虑造成不平等的"原因"。如此一来，原先由"公平机会的平等原则"所规定的社会结构必然被只考虑不平等之影响的"差别原则"武断地修正，而最终使"公平机会的平等原则"丧失优先性。

　　差别原则与第二条优先规则的第二部分之间的紧张关系还造成了罗尔斯正义理论内部结构的一些问题。在第二条正义原则中，从"公平机会的平等原则"出发，罗尔斯并不否认那些努力勤奋的人们应该取得较高的社会和经济利益。但是，一经差别原则的检验，罗尔斯又不得不给这些靠个人努力获取财富的人们套上税收的缰绳，而税收的理由又很难从"公平机会的平等"的角度去说清楚。于是，罗尔斯不得不将"个人努力"化约为自然禀赋、家庭环境、社会条件此类"道德上任意"（morally arbitrary）的因素，并以此为理由为"个人努力"所得套上税收的缰绳。如罗尔斯所述："一

---

　　① 最终—状态原则，也称即时原则（time-slice principle）、目的结果原则（end-result principle），是诺齐克讨论分配正义时使用的一个术语，与分配正义的历史原则相对。分配正义的历史原则认为，一种分配是不是正义的，依赖于它是如何发生的。相反，正义的最终—状态原则主张，分配正义是由东西如何分配（谁拥有什么东西）决定的。（参见［美］罗伯特·诺奇克《无政府、国家和乌托邦》，姚大志译，中国社会科学出版社 2008 年版，第 184 页。）

个人愿意做出的努力是受到他的天赋才能和技艺以及他可选择的对象影响的。在其他条件相同的情况下，天赋较好的人更可能认真地做出努力，而且似乎用不着怀疑他们会有较大的幸运。"（p. 274）然而，将"个人努力"归结为不受个人志向所左右的既定的客观因素，这种观点完全抹杀了自由意志的作用，直接与康德的自由理论相违背，为罗尔斯招致众多批评。①

第二，"优先规则"与"差别原则"之间的紧张关系还体现在第一条优先规则中。根据第一条优先规则，第一条正义原则优先于第二条正义原则。也就是说，社会的基本结构必须首先保证每个人平等地拥有基本权利，才能考虑社会和经济利益的分配问题，而无论社会和经济利益如何分配，都必须坚守"权利平等"这条底线。这里需特别关注罗尔斯所肯定的一种"基本自由"：保障个人财产的权利，亦即"财产权"。关键的问题是：当我们以"差别原则"来调节社会财富的分配时，是否能够同时坚守每个人平等拥有的"财产权"不受侵犯？如果我们依据差别原则将某人的收入或者其拥有的较多财产判断为不正当、不应得的时候，我们是否可以剥夺其财产？在这里我们再一次陷入了两难的境地：如果我们要坚持自由的优先规则，我们就没有理由侵犯任何人的权利（包括"财产权"），即使以社会中最少受惠者的名义；另外，如果我们要坚持差别原则，就不可避免地要通过国家干预减少某些人的财产，而这势必会侵犯这些人的权利和自由。"自由至上论"的坚定拥护者诺齐克对罗尔斯通过差别原则来调节社会分配结构的思路极不赞同，并由此质疑罗尔斯是否一以贯之地坚持"自由优先"的规则。诺齐克论述道："罗尔斯主张在原初状态中自由拥有一种词典式的优

---

① 关于这一点的详细讨论可参见拙作《论罗尔斯对"应得理论"的批评》，《哲学动态》2014 年第 12 期。

先性，这能防止差别原则对天资和才能强加一种人头税吗？"① 在诺齐克看来，正因为差别原则的"最终裁判"地位，瓦解了"优先规则"，罗尔斯的正义理论才得以论证，可以通过税收的方式剥夺那些因天资和个人努力而获得较多收入的人们的财产。

通过上述对第一条优先规则和对第二条优先规则的第二部分的考察，我们可以得出结论：在罗尔斯的正义理论中，"差别原则"被赋予了最终裁判的地位，但是，由于差别原则是一种"最终—结果原则"，所以在最终修正分配结构的时候，必然无视分配结构形成的历史。差别原则对分配结构的修正必然会与处于优先地位的"平等的自由"原则和"公平机会的平等"原则对社会结构的规定产生矛盾。如果我们将差别原则作为分配结果的最终判断，那么"平等的自由"原则和"公平机会的平等"原则都将变成听命于差别原则的次一级原则，而非优先规则。实质上，处在最终裁判地位的差别原则部分地取消了"优先规则"。

综上所述，在罗尔斯的正义学说中，优先规则确立了"自由的优先"和"公平机会的平等的优先"。然而，当罗尔斯试图以"差别原则"保护弱势者的利益保证最基本的平等时，不可避免地会侵犯人们的某些基本自由（如财产权）。难以否认，自由与平等之间存在矛盾，罗尔斯虽然以"优先规则"确立了自由的"优先性"，然而，在对平等的追求中，却不得不偏重"差别原则"而牺牲自由的"优先性"。

---

① ［美］罗伯特·诺齐克：《无政府、国家和乌托邦》，姚大志译，中国社会科学出版社2008年版，第275页注释＊。

第六讲
程序正义

程序正义应遵循的道德原则
程序正义的种类
纯粹程序正义在《正义论》中的应用
形式正义和实质正义
形式正义与程序正义的区别
程序正义与实质正义的一致性

程序正义

在《正义论》一书中，罗尔斯应用了程序正义的相关理论来构建自己的正义学说。罗尔斯对程序正义理论的应用将程序正义的概念引入对社会正义的讨论中来，使得程序正义成为当代正义学说有别于古典正义学说以及近代正义学说的一个重要特征。

程序正义是一个与结果正义相对的概念。这一概念主张，任何做出集体决策的程序（不论这一决策是事关国家大事的政治安排、针对个人的司法审判，还是对社会益品的分配）都应该符合一定的道德原则，例如：平等、尊重、公开、避嫌等，而且对于此程序是不是正当的判断应该独立于对于程序之结果是否正当的判断。如果一种程序并不符合相应的道德标准，那么这样的程序就可能是不正义的程序，不能成为程序正义。举例说明，如果一个老师参与高考改卷工作，同时其亲属也参加了考试，那这样的考试改卷程序就有不正义的嫌疑，不具备程序正义。

罗尔斯深入探讨了三种程序正义：完善的程序正义、不完善的程序正义、纯粹程序正义，并将纯粹的程序正义应用于正义原则的推导。与此同时，罗尔斯还提出了与程序正义和结果正义相关的形式正义及实质正义等概念。本讲将结合当代学者大卫·米勒（David Miller）对罗尔斯程序正义思想的讨论，分析程序正义在罗尔斯正义学说中的应用。

一 程序正义应遵循的道德原则

什么样的程序才是正当的，才可称为程序正义？这个问题涉及程序正义应符合的道德原则。罗尔斯认为，作出某种集体决策的程序应该具有不偏不倚、平等、公开、没有强制以及全体一致同意等特征。在罗尔斯之后，当代学者大卫·米勒深入发展了罗尔斯程序正义的相关思想，并且总结了程序正义应该满足的四个道德原则：平等、公开、准确、尊严。

第一，程序正义要求"平等待人"，这一点在政治领域的民主程序中有集中的体现。在公共领域，当人们需要作出集体决策时，通常会采用民主投票的方式。因为，只有这种方式才能使所有人的意见都被听到。不论是直接民主还是代议制形式的间接民主，其制度基础都是"平等"。正是由于人们在政治身份上的平等，才使得每个人的意见都同样重要，都应该被听到。康德的道德律令要求"把每一个人当作目的王国的合法成员"①，这在当代政治哲学讨论中被阐述为"平等待人原则"。根据这一原则，人们在作出事关每个人的决定时必须同等地听取各方面的意见，不能因人们在种族、性别、社会阶层或知识背景上的不同而给予各种意见不同的权重。举例说明，英国为了决定是否"脱欧"而举行全民公投。在这样的民主过程中，那些对欧盟有充分了解的知识精英、行使国家政治权力的政治家，以及掌握国家经济命脉的企业巨头……都与普通公民一样，只有投"一票"的权利。他们的意见并非因其掌握的更多信息、知识或权力而更有分量。当然，在投票之前，人们要经过一个充分协商和讨论的过程。在这个过程中持不同观点的人可以依

---

① ［德］伊曼努尔·康德：《道德形而上学原理》，苗力田译，上海人民出版社2012年版，第37页。

据自己所了解的情况对自己的意见进行充分的说明。但是，在投票过程中，人们却必须坚持"一人一票"的原则。因为，民主制度要求，每个人的声音都被**平等地**听到。总之，"平等待人"是程序正义的道德要求，正是基于平等与民主之间的天然联系，民主虽然自产生以来就饱受批评，却仍然是政治制度的核心价值。

第二，程序正义要求"过程公开"，在司法审判中这一点尤为重要。米勒在讨论程序正义符合人们的道德直觉时，举了电影《被告》①中的例子：一个被强奸的妇女将强奸她的人告上了法庭，但此案并没有如其所愿地开庭审理。被告律师与原告律师通过商议达成一致，将罪犯送进了监狱。也就是说，这一案件虽然没有经过公开的审理程序，但在私下的商议中，这一案件同样达到了公开审判可能会得到的结果。然而，剧中的女主人公却为此感到非常痛苦，她本来以为自己可以在法庭上陈述对方的犯罪事实，有在公众视野下披露罪犯、讨还公道的机会。然而，事情悄无声息地解决了，罪犯虽然受到了应有的惩罚，可是受害者的声音却没有被听到。显然案件的私下解决剥夺了受害者的某些权利。一个司法程序不应该是私下进行的，必须在法官和陪审团的见证之下，公开、公正地展开。内在于程序正义的"公开"原则要求，应将程序中应用的规则和标准向当事人解释清楚，使其理解施行于他的程序是如何进行的。这就像在做治疗之前，医生要向病人或其家属说明治疗的具体方案、用什么药、有什么副作用等，而不是没有任何解释直接进行治疗。

第三，程序正义要求"准确"反映参与者的信息，这一点在社会分配领域非常重要。考试制度是最常见的对教育机会进行分配的程序。然而，对于考试制度的诟病可能从有这一制度开始就从未

---

① 这是一部由乔纳森·卡普兰导演，朱迪·福斯特和凯莉·麦吉利斯主演的影片，1988年上映，影片的中文译名为《暴劫梨花》。

停止过。这与"考试"很难准确反映参与分配者的信息有关。在理想的情况下，一次"公正的考试"应该准确地反映考生在与其申请获取的教育机会相关的各方面的能力和知识。然而，没有任何试题能如此完美地设计，同时也不是所有考生都能完全正常地发挥，于是在考试中总有走运的人和不走运的人，各种偶然因素造成了考试很难做到"准确"反映人们的知识和能力。从而，基于考试结果而进行的资源分配，也就很难保证公平。但是，与其他更容易"作弊"的评价机制相比，"考试"还算是最"准确"的程序了。因此，虽然这一制度一直受到批评，却仍然沿用至今。对于其他资源的分配同样存在准确的问题：例如，政府想要给那些经济困难买不起房的人进行补贴，那这就需要准确地知道人们的居住情况和收入情况，然而这将是一桩耗时耗力、烦琐无比的差事。为此，政府部门需要搜集许多相关信息：个人的收入和住房情况、个人的家庭关系、其亲属的收入和住房情况，还有各种可能造假的问题……这些复杂的个人情况使得政府很难做到对参与分配者的准确了解，或者要耗费过多的时间和精力以获得准确信息，但如果没有准确的数据，政府就不能保证分配的公平。所以说，"准确"是程序正义的一个核心要求，但却是一个在实践中很难满足的要求。

第四，程序正义还必须维护人们的尊严。所谓程序正义所要求的"尊严"指的是：一种程序不能以使人们丧失尊严的方式进行。例如，为了保证公共安全要对上飞机的乘客进行安检，但安检不能以搜身的方式进行，那样会有损乘客们的尊严。再比如，某单位或许想要对供职于该单位的"单身妈妈"给予某种补助，但为了进行这种补助，就需要了解一些隐私信息，而这会让"单身妈妈"们感到丧失尊严。还有，中国的各大高校对家庭困难的"贫困生"都有相应的补助政策。但是，这种补助计划应该以某种"秘密"的方式进行，如果搞得尽人皆知，就会让那些得到帮助的贫困生感到不安、自尊受损。总之，程序正义要求施行于人们的程序要保护人们的"尊严"。

平等、公开、准确和尊严是程序正义的四个基本性质，也是程序正义所体现的四种重要的道德原则。米勒认为，这些性质"可使得程序正义超越并凌驾于其产生实质正义之结果的倾向之上"①。也就是说，程序正义所体现的道德原则使得程序正义不依赖于其产生的结果而具有"内在价值"。所谓"内在价值"，是相对于"工具价值"来说的。在伦理学史上，康德对价值进行了这一著名的划分。康德认为，说某物具有"工具价值"，指的是该物因能帮助实现某种目的而具有价值。例如：金钱所具有的价值就是"工具价值"。金钱因为能满足人们的各种目的而具有价值，金钱并不因其本身而具有价值。与"工具价值"不同，"内在价值"指的是"某事物因其本身而有价值"。在康德的伦理学中，具有"内在价值"的最典型的例子就是"理性存在"，或者说"人"。依照康德对两种价值的区分，当米勒说程序正义具有"内在价值"时，他指的是：人们为了程序正义本身而欲求程序正义，并非为了利益、幸福、安全或其他个人目的而欲求程序正义。

程序正义具有内在价值的判断得到了大众心理学研究结果的佐证。E. A. 林德和 T. R. 泰勒在《程序正义的社会心理学》② 一书中讨论了程序正义与人们的各种相关态度之间的关系。作者认为可以从主观和客观两个角度去讨论正义问题。在政治领域，从古希腊的柏拉图、亚里士多德到当代的罗尔斯和诺奇克，都是从客观的角度去建构一种适用于整个社会的正义原则，是将正义当作一种"客观的事态"。而约翰·蒂博在 20 世纪 70 年代的研究开创性地将心理学研究和程序正义结合起来，揭示了程序正义对人们有关正

---

① David Miller, *Principles of Social Justice*, Harvard University Press, 1999, p. 99.
② E. A. Lind and T. R. Tyler, *The Social Psychology of Procedural Justice*, New York and London: Plenum Press, 1988.

义问题的态度和判断的影响，拓宽了正义问题的研究领域。[①] 所谓"主观正义"，是将正义作为一种"主观的、心理的反应"[②]，指的是人们对某一事件或某个程序是否正义的主观判断。在区分主观正义和客观正义的基础上，林德和泰勒总结前人所做的实证研究得出结论，程序正义具有增进主观正义的效应。具体来说，程序正义具有四个方面的积极效应，林德和泰勒将其称作"程序正义效应"（Procedural Justice Effects）："受制于某一程序的人们，当其能发出声音或在某种程度上掌控程序，人们将更容易得出该程序之正义的判断；人们对于程序正义的肯定有助于增进对于分配正义的评价，并增进人们对于分配结果的满意程度；对程序正义的判断有助于增进对权威的认可；对程序正义的判断有助于促进人们的有益行为。"[③] 综上所述，从心理学的角度来看，人们对于某一事态正义与否的判断在很大程度上受到程序是否公正平等的影响。程序正义自身具有内在价值，其价值独立于程序可能产生的结果，人们因其本身而欲求程序正义。

二 程序正义的种类

程序正义与结果正义之间的关系是复杂的，程序正义虽然具有"内在价值"，却不是在每种情况下都能保证结果的正义。也就是说，在一些情况下，即使满足了程序正义的要求，人们依然得不到一个正义的结果。罗尔斯为了阐明程序正义与结果正义之间的复杂关系，区分了三种程序正义：完善的程序正义、不完善的程序正义

[①] Thibaut, J., Walker, L., *Procedural Justice: A Psychological Analysis*, Hillsdale, NJ: Erlbaum, 1975.

[②] Thibaut, J., Walker, L., *Procedural Justice: A Psychological Analysis*, Hillsdale, NJ: Erlbaum, 1975, p. 3.

[③] Thibaut, J., Walker, L., *Procedural Justice: A Psychological Analysis*, Hillsdale, NJ: Erlbaum, 1975, p. 204.

和纯粹程序正义。(pp. 65 – 89)

所谓"完善的程序正义"指的是，人们对结果是否正义存在独立于程序的判断标准，而且能够设计出一个程序以实现结果正义。"分蛋糕"是完善的程序正义的经典例子：两个女孩分蛋糕，假设平均分配是一种正义的分配结果，那么"谁分蛋糕谁就最后拿蛋糕"的程序就是一个完善的程序正义，因为这一程序足以保证一个平均分配的结果（假定每个人都想要更大块的蛋糕）。

然而，在社会现实中，完善的程序正义的例子并不多见。出于各种各样的原因，人们时常无法设计出一种程序以保证结果的正义。罗尔斯将这种情况称作"不完善的程序正义"，也就是说，存在独立于程序的判断结果是否正义的标准，但无法设计出一种能保证结果正义的程序。罗尔斯将司法审判作为不完善的程序正义的例子。对于任何司法程序的结果，人们都有独立于程序本身的判断标准，这就是"罪有应得"。司法程序的理想结果是找出真正的罪犯，同时不要冤枉一个好人。然而，在人类历史的任何时期、任何文化背景的社会中都有可能发生"冤假错案"。因为，无论人们如何设计司法审判的程序，都不可能完全复原案件发生的全过程，都有可能存在被忽略的线索和信息。因此，司法审判只能是一种不完善的程序正义，其程序本身并不能保证结果的正义。

在《正义论》一书中，罗尔斯还讨论了更广泛领域内的不完善的程序正义。罗尔斯甚至认为，所有的政治过程都是不完善的程序正义。这是因为，所有的政治过程都不得不依赖民主程序。民主程序满足"平等待人"的道德原则，具有程序正义的特征。然而，"真理往往在少数人手中"，民主程序所采用的多数决定的原则并不能保证其结果的正义。在罗尔斯看来，任何政治过程都是不完善的程序正义，必须依赖多数原则。而多数人可能犯错。在《正义论》第二编"制度"部分的讨论中，罗尔斯认为人们在走出原初状态后就进入制宪会议、立法程序以及执法和守法的过程当中。罗尔斯将原初状态、制宪会议、立法过程、执法和守法称为制度建构的四个阶段。在这四个阶段中，制宪会议、立法程序以及执法和守法的过程都属于不完善的程序正义，因为这些过程都或多或少地依赖于民主程序。原初状态中所要求的全体一致同意在现实社会中是无法企及的。

与程序正义和结果正义之间的关系相关，罗尔斯还讨论了一种特殊的程序正义：纯粹程序正义，其含义是：不存在独立于程序的判断结果是否正义的标准，只存在一种正确的程序，如这一程序被严格地遵循，那么其结果不论是什么都应该被接受。换句话说，如果将某种程序当作纯粹程序正义，那即是主张程序正义本身就能保证其结果的正义。罗尔斯将"赌博"作为纯粹程序正义的例子："愿赌服输"，只要参与者自愿进入该程序，而且程序的相关规则得到严格的执行，其结果就是参与赌博的人们必须接受的。实际上，人们日常生活中所有的随机程序都带有纯粹程序正义的特征。例如：抽签、摇号、彩票等。另外，在资源分配中常用的排队程序也是一种纯粹程序正义。排队是一种尊重时间顺序的程序，这种程序的规则是"先到先得"。在独立于"排队"这一程序之外，人们并没有判断资源分配结果的独立标准。因此，排队应该属于一种纯粹程序正义，虽然这种程序并不是完全随机的。假设，一个人老老实实地排队领取某福利机构供应的免费午餐。当轮到他的时候，午餐刚好发完了。那么，他也只能自认倒霉，并没有理由抗议程序不正义。

自由市场是与人们的社会生活息息相关的资源配置程序。对于自由市场是不是纯粹程序正义，当代政治哲学中有两派相反的观点。① 支持放任自由经济的学者，例如：罗伯特·诺奇克（Robert

---

① 对于自由市场是不是纯粹程序正义的问题可参考拙作《自由市场与程序正义》，《世界哲学》2019 年 3 月。

Nozick）认为，人们应该无条件地接受自由竞争的结果，不应在市场之外再人为地进行二次分配，将自由市场当作纯粹程序正义。由此，诺奇克反对一切再分配，反对任何税收政策。另外，强调平等的学者则认为，自由市场应当受到限制，应该通过税收等再分配手段以控制社会中的贫富差距。例如，迈克尔·沃尔泽（Michael Walzer）在《正义诸领域》一书中列出了应该被禁止的十三种交易。迈克尔·桑德尔（Michael Sandal）专门写了一本书《金钱不能买到什么》，批评自由市场对人们道德世界的侵蚀。

在自由市场的问题上，罗尔斯认为，如果说自由市场的目的是效率的话，那么自由市场就是一种完善的程序正义。因为，人们的每一次自愿交换都是一种帕累托优化，都将增进整个社会的效率，最终使得效率达到最大值。罗尔斯论述道："理想市场的目的是效率，而理想立法程序的目的（如果可能的话）是正义；而且理想市场就其目标而言是一个完善的过程，而理想立法却是一个不完善的程序。"（p. 282）另外，从社会正义的角度来说，自由市场并不能保证分配正义的实现。在罗尔斯看来，人们应当依据正义的两原则对市场竞争的结果进行修正，市场之外的再次分配是维护分配正义所必须的。

三 纯粹程序正义在《正义论》中的应用

在上述三种程序正义中，"纯粹程序正义"在罗尔斯的正义理论中发挥了重要的作用。罗尔斯在两个方面应用了"纯粹程序正义"的相关理论：第一，两条正义原则的推导；第二，第二条正义原则②部分的描述。

第一，罗尔斯试图以纯粹程序正义的方式从"原初状态"中推导出正义的原则。也就是说，只要恰当地设定好了"原初状态"，我们就能保证推导出的原则是正义的。在这里，罗尔斯吸收了康德建构主义（constructivism）的方法，亦即，正义原则的内容是通过在一个恰当程序中人们的选择而被确定下来的。罗尔斯在《政治自由主义》一书中解释了"建构主义"方法："政治建构主义是一种关于政治观念之结构和内容的观点。他认为，一旦达到（假如任何时候都如此）反思平衡，政治正义（内容）的原则就可以描述为某种建构程序（结构）的结果，在这一由原初状态所塑造的程序中，合理的行为主体——作为公民的代表并服从理性的条件——选择公共正义原则来规导社会的基本结构。"① 也就是说，正义原则的内容是通过"原初状态"中人们的选择而被确定的。除了"原初状态"这一程序外，对于人们所选择的原则之内容是否正义，没有其他的判断标准。人们要无条件地接受从原初状态中推导出的正义原则，这就将"原初状态"当作"纯粹程序正义"的含义。

第二，在罗尔斯的正义理论中，"纯粹程序正义"还被用于描述第二条正义原则的第②部分——"公平机会的平等原则"。这条原则要求一种实质性的机会平等，其含义是："在社会的所有部分，对每个具有相似动机和禀赋的人来说，都应当有大致平等的教育和成就前景。那些具有同样能力和志向的人的期望，不应当受到他们的社会出身的影响。"（pp. 56-57）罗尔斯的初衷是将这条原则当作对社会益品进行分配的纯粹程序正义："公平机会原则的作用是要保证合作体系作为一种纯粹的程序正义。"（p. 68）亦即，只要能保证社会中处于不同位置、具有相同自然禀赋、相似志向的社会成员能获得同样的教育和成功前景；那么，人们就不应对社会竞争的结果进行调节，而是应该无条件地接受这种社会竞争的结果。罗尔斯将满足"公平机会的平等原则"的社会竞争当成一种"公平竞争"。对于公平竞争，人们无须对其竞争结果进行调节，

---

① [美] 约翰·罗尔斯：《政治自由主义》，万俊人译，译林出版社2000年版，第94页。

只要设置好了初始条件,就应毫无保留地接受其竞争结果。这就是作为纯粹程序正义的"公平机会的平等原则"的含义。

然而,罗尔斯不得不承认,在家庭制普遍存在的情况下,"公平机会的平等原则"不可能完全满足。因为,每个人生活在具体的家庭之中,并且受到家庭教育、家庭的社会关系、家庭所拥有的社会益品等许多因素的影响。而这些影响都是无法通过对社会制度的设计而完全排除掉的。例如,社会制度的设计不可能禁止有某方面专业知识的父母对自己的孩子进行相应的、超出社会平均水平的教育。这将严重侵犯人们的自由。每个家庭的氛围、文化修养以及道德信念都会对人们的成长产生极大的影响。因此,在与"家庭"相关的对人们生活前景的影响因素无法排除掉的情况下,"公平机会的平等原则"不可能得到彻底的贯彻。应该说,"公平机会的平等原则"只能排除掉社会的偶然因素对社会分配的影响,并不能排除自然的偶然因素(例如:天赋)对社会分配的影响;因此,罗尔斯在自己的正义理论中,引入了对社会竞争的结果进行最终调节的差别原则。这一原则要求,因自然的偶然因素而导致的社会竞争结果的不平等要以最小受惠者的最大利益为限。

四 形式正义和实质正义

罗尔斯在讨论"制度"的正义问题时,提出了形式正义和实质正义这一对概念。罗尔斯是这样论述"形式正义"的:"类似情况得到类似处理,有关的同异都由既定规范来鉴别。制度确定的正确规范被一贯地坚持,并由当局恰当地给予解释。这种对法律和制度的公正一致的管理,不管它们的实质性原则是什么,我们可以把它们称为形式的正义。"(p.45)在罗尔斯看来,制度或法规是否正义可以从其"执行"和"内容"两个方面来考察。"形式正义"与制度是否得到严格而一贯的"执行"有关,如果一项制度在执行过程中，严格照章办事，并不因执行者的一己私利或偏爱而有任何偏颇，那么，这项制度就具有"形式的正义"，无论其内容是什么。正如罗尔斯所指出的："有一种不正义即为法官和别的有权力者在判断各种要求时不能坚持适当的规范或正确地解释它们。一个因自己的性格爱好而倾向于这种行为的人是不正义的。"（p.46）也就是说，如果执法者在执法过程中，有任何的偏私，那么就违反了制度的"形式正义"的要求。

与"形式正义"相对，实质正义是针对制度或法规的内容来说的。罗尔斯认为，"形式正义"和"实质正义"是对于一项制度是否正义的两种不同的判断标准。"形式正义"要求执法者在执法过程中一视同仁、"类似情况类似处理"，但这并不足以保证该制度的"实质正义"。假设，某个社会中存在一种规定女性薪酬以某一比例低于男性薪酬的制度，即使该制度得到普遍的遵循，保证了"类似情况类似处理"的形式正义——所有女性的薪酬都同比例地低于男性薪酬——但这项制度仍然是不正义的。其不正义的原因在于其制度的实质性内容没有做到平等待人，而不在于其执法过程没有严格照章办事。由此可见，形式正义和实质正义规定的是正义的不同方面，对制度提出了独立的正义要求。

罗尔斯注意到，一些学者认为，"形式正义"与"实质正义"倾向于结为一体，人们坚持制度之"形式正义"的愿望，也必然促使他们追求制度的"实质正义"。但是，罗尔斯认为，人们并不能符合逻辑地从制度的"形式正义"推导出其"实质正义"。一项制度的普遍而严格的执行并不能保证其内容的正义。而且，人们必须首先确定"什么是合理的实质性正义原则、知道在什么条件下人们会肯定和依靠它们"（p.47），才有可能找到"形式正义"与"实质正义"之间的联系。在罗尔斯看来，要确定"什么是合理的实质性正义原则"，亦即确定制度或法规的"内容"的正义，就必须借助"程序正义"的相关理论。

五　形式正义与程序正义的区别

通过上述三部分的分析我们看到，在罗尔斯的正义理论中，"程序正义"讨论的是正义原则的"推导"问题（"原初状态"作为程序正义），或者对于正义原则之内容的描述（"公平机会的平等原则"作为程序正义），而"形式正义"讨论的是以正义原则为基础的某项制度的"执行"问题。由于其对象不同，在"程序正义"的两种应用中，其含义与"形式正义"的含义都是不同的。

第一，当罗尔斯以"程序正义"阐述推导出正义原则的"原初状态"时，涉及的是正义原则之内容的确定。在罗尔斯的正义理论中，"程序正义"对应"结果正义"，而"形式正义"对应"实质正义"。但是，在罗尔斯回应哈贝马斯对其正义理论的批评时，将"实质正义"和"结果正义"结合起来讨论："程序的正义总是依赖于（除了赌博这一特例）其程序的可能结果，或者实质正义。"[①] 实际上，在推导出正义原则的问题上，所谓"结果正义"就是正义原则的实质性内容的正义，就是"实质正义"。结合本书第一部分的讨论，罗尔斯认为"形式正义"不足以保证其中制度的"实质正义"，"实质正义"有其独特的来源。现在来看，这一来源就是作为纯粹程序正义的"原初状态"。正是通过这一恰当定义的最初状态和人们的理性选择，正义原则以及由其而规定的相关制度的"内容"的确定，确保了制度的"实质正义"。事实上，"形式正义"与"实质正义"相对，"程序正义"与"结果正义"相对，但是对于推导正义原则的程序正义来说，"结果正义"就是

---

① John Rawls, *Political Liberalism*, Columbia University Ress, New York, 1996, p. 421.

"实质正义"。我们可以这样来理解"形式正义"与"程序正义"之间的关系：通过"程序正义"推导出正义原则的内容，保证其"实质正义"；而"形式正义"是对正义原则的严格执行，独立于"实质正义"。

第二，在程序正义的第二种应用中，罗尔斯认为"公平机会的平等原则"具有"纯粹程序正义"的特征。罗尔斯在一种社会过程（social process）的意义上来理解社会分配问题，这使他的分配理论与平均主义和功利主义区别开来。① 因为，后者并不关心分配过程中发生了什么，而是通过对分配结果的调节来达到特定正义观下的分配形式。当然，罗尔斯以"纯粹程序正义"来确定分配正义的尝试并不成功，由此，他不得不以"差别原则"对分配的结果进行调节。这也正是诺奇克将"差别原则"归为"即时原则"而非"历史原则"，并批评罗尔斯不考虑人们获取资源的"历史"的根本原因。

结合上述两方面的论述我们看到：罗尔斯对"程序正义"的两种应用都与"形式正义"的含义不相符。在第一种应用中，"程序正义"是推导出正义原则之内容，保证正义原则的"实质正义"的程序。在第二种应用中，罗尔斯应用"纯粹程序正义"这一概念，旨在指出第二条正义原则中②部分的特征。这两种应用与"形式正义"的含义——"严格执行某种制度安排"——的含义都不相符。

姚大志对于罗尔斯正义理论中的形式正义、实质正义和程序正义之间的关系进行了深入分析。姚大志认为，罗尔斯对于正义原则的第二个应用，与"形式正义"的含义是一致的，其证据是罗尔斯的论述："如果这种纯粹程序正义的观念要想成功……就必须公

---

① 参见 *The Camridge Rawls Lexicon*, edited by Jon Mandle, David A. Reidy, Cambridge University Press, 2015, p. 651。

正地建立和实行正义制度。"① 然而，在笔者看来，罗尔斯的这段话指的是如果具有"纯粹程序正义"特征的正义原则要获得成功的话，那么就必须公正地实行这一原则。在这里，罗尔斯并没有把"纯粹程序正义"等同于"公正地实行某一原则"，并没有将"程序正义"和"形式正义"等同起来。

基于上述理解姚大志认为，在罗尔斯的正义理论中：如果"程序正义"指正义原则，那么"程序正义"就等同于"形式正义"，如果"程序正义"指"原初状态"，那么"程序正义"就不等同于"形式正义"。"'纯粹程序正义'是形式正义，又不是形式正义"②，对于这一荒谬结论，姚大志认为罗尔斯的推导中一定有哪里不对。姚大志认为，罗尔斯的正义原则并不是"纯粹程序正义"。笔者部分同意姚大志的结论：确实，罗尔斯的"公平机会的平等原则"并不像罗尔斯最初设想的那样，是"纯粹程序正义"。由于无法严格满足，"公平机会的平等原则"只能是不完善的程序正义。但是，笔者并不认为，罗尔斯在推导上存在错误。因为，在罗尔斯对"公平机会的平等原则"的描述中，纯粹程序正义并不等同于形式正义。在罗尔斯的正义理论中，"程序正义"与"形式正义"是两个完全不同的概念。"程序正义"一方面指的是正义原则之"推导"过程的特征；另一方面指的是正义原则之内容所具备的某种特征；而"形式正义"则指的是对正义原则的严格实行。"程序正义"涉及的是理论领域的问题，而"形式正义"涉及的是实践领域的问题。

---

① 转引自姚大志《一种程序正义？——罗尔斯正义理论献疑》，《江海学刊》2010 年第 3 期。
② 姚大志：《一种程序正义？——罗尔斯正义理论献疑》，《江海学刊》2010 年第 3 期。

六 程序正义与实质正义的一致性

在《正义论》一书中，罗尔斯强调"程序正义"对于推导出具有实质正义之特征的正义原则的重要意义。这引发了哈贝马斯对罗尔斯的批评。在哈贝马斯看来，罗尔斯并没有严格贯彻其"程序正义"的思想，罗尔斯的"作为公平的正义"其实是一种"实质正义"的理论，而不是像罗尔斯认为的那样，是程序正义的理论。对于哈贝马斯的批评，罗尔斯直截了当地指出："我的回答是，任何自由主义的观点都必然是实质性的，而且这样是正确的。我将这一回答看作是对自由主义的捍卫。"[①]

在罗尔斯看来，程序正义与实质正义事实上是相互成就的。程序之设定必然包含了与"实质正义"相关的预设。[②] 程序的正义以及程序之结果的正义（实质正义），都不可避免地包含着某些价值观念。"程序正义"与"实质正义"的区别仅仅在于：将这些价值观念应用于程序，还是程序之结果。而且，一种程序是否正义总是在某种程度上依赖于其结果，亦即实质正义。换言之，如果一种程序导向的结果与人们的价值观念相冲突，那么不管该程序的设计如何精巧并得到严格的遵循，都不具备相应的程序正义。当然，罗尔斯并没有否认，程序本身所具有的内在价值。例如：不偏不倚、给予所有程序参与者以同等的机会，等等，这些特征使得程序具有某种内在价值。

为了深入剖析程序正义与实质正义的关系，罗尔斯讨论了多数主义者与宪政主义者之间的分歧：多数主义者认为民主程序足以保

[①] John Rawls, *Political Liberalism*, Columbia University Ress, New York, 1996, p. 421.
[②] 罗尔斯在《正义论》中强调的是程序正义与实质正义的区分，而在《政治自由主义》中则更多强调程序正义与实质正义的相互印证。

证公民的所有基本自由和权利,因此不需要对民主投票的结果进行任何以宪政制度为基础的限制。罗尔斯认为,多数决定派在面对宪政主义者的批评时,不可能仅仅考察民主程序本身,而必须同时对民主程序的结果进行考察。在罗尔斯看来,多数决定论并不认为民主程序本身就能保证其正义性。为了回应宪政主义者的批评,多数主义者必须同时论证民主程序的结果也是正义的,这样才能下结论说宪政制度施加给民主程序的限制是多余的。

在上述观点的基础上,罗尔斯针对哈贝马斯的商谈民主理论进行了回击。罗尔斯论述道:"难道哈贝马斯可以说他的观点是纯粹程序性的吗?……（他的商谈理论）无法避免依赖实质性的内容。"① 罗尔斯指出,在哈贝马斯的商谈理论中,一个理想的商谈程序处于哈贝马斯商谈民主理论的中心地位。因为,一旦达到这样一种理想的商谈程序,人们就会被卓有成效的公共讨论所引导。罗尔斯指出,一种理想程序应满足五种价值标准:不偏不倚（impartiality）、平等、公开、没有强制以及全体一致同意。满足这些价值标准的程序将推进所有程序参与者的利益。罗尔斯认为这一理想程序的结果必定体现出实质性的正义,而且理想程序的五个价值标准也都与实质正义相关。因为,一旦我们提出这样的问题:这些价值为什么是理想程序所应具备的,我们就必须参照程序的结果,思考实质正义的问题。最后,罗尔斯总结道:"人们通常疏忽大意地认为（我并没有说他疏忽大意）程序合法性（或者正义）可以没有实质正义而单独成立:它不能。"②

从罗尔斯对哈贝马斯的回应中我们看到,"程序正义"与"实质正义"是相辅相成的,不可截然二分。在这一点上,"程序正

---

① John Rawls, *Political Liberalism*, Columbia University Ress, New York, 1996, p. 424.
② John Rawls, *Political Liberalism*, Columbia University Ress, New York, 1996, p. 425.

义"与"形式正义"也存在根本区别。"程序正义"与"实质正义"紧密相连、相互印证,但"形式正义"与"实质正义"却是相互独立的。因为,不具备"实质正义"的制度也可能被严格地遵循。对于以某种正义原则为基础的具体制度来说,可能有"形式正义"而无"实质正义",但绝不可能有"程序正义"而无"实质正义",或者有"实质正义"而无"形式正义"。

我们可以这样来理解"程序正义"和"实质正义"的紧密联系:一方面,"程序正义"确保其"结果"的正义,也就是正义原则的"实质正义";另一方面,对"程序"的设定又必须参照其结果的"实质正义"。不能推出"实质正义"的程序是不正义的,而"实质正义"也不可能从不正义的程序中推导出来。"程序正义"和"实质正义"是相互成就的。

综上所述,在罗尔斯的正义理论中,程序正义占有重要的理论位置。在罗尔斯区分的三种程序正义中,推导出正义两原则的"原初状态"是一种纯粹程序正义。同时,第二条正义原则中的"公平机会的平等原则"是资源分配的纯粹程序正义。另外,"形式正义"与"程序正义"是两个不同的概念。"形式正义"指的是对以某种正义原则为基础的制度的严格执行,类似情况类似处理。"程序正义"指的是以符合某些价值标准的程序推导出正义原则的实质性内容。"程序正义"能保证其程序之结果的正义,亦即正义原则的"实质正义",而"形式正义"与"实质正义"则是相互独立的。一种被严格执行的制度,其内容并不一定是正义的,并不一定满足"实质正义"。

第七讲
理性的善

两种善理论的划分
善的定义
理性生活计划
从弱理论到强理论
应用于个人的正当原则
善与正当的关系

理性的善

"善"是道德哲学中的核心概念之一。关于"善"的理论是任何道德哲学中不可或缺的部分。罗尔斯在《正义论》一书中,以整整一章的篇幅专门讨论了"善"的定义及其相关理论。在理论结构上,一方面,善的理论是罗尔斯正义学说的基础;另一方面,善的理论也对"道德价值"进行规定,并确定善良、邪恶、好、坏等道德评价的具体含义。

从字面上来理解,"善"指的就是"好的"[①]。因此,"善"的理论讨论的主要问题就是什么是"好的""有意义的""值得追求的",等等。罗尔斯"善"的理论就是要解决这些问题的理论。人们在考虑什么是"好的"时,会涉及两方面的内容:一方面是关于手段和工具的"善"。也就是当目标确定时,人们对什么工具或手段能更好地实现相应的目标而做出的评价。另一方面是对于目标本身做出的评价,探讨一个目标本身是不是"善"的,这是第二个方面的内容。罗尔斯在建构善的理论时分别探讨

---

① "善"和"好"这两个概念在英文都是 good。但是,在中文里,"善"特指事物具有道德价值,而"好"指的是事物具有一般意义上的价值。在罗尔斯的道德学说中,作为道德价值的"善"正是来源于其具有的一般价值"好"。既然"善"和"好"在英文里实际上是同一个词,那么,也可以说罗尔斯的这一观点在英文里有词源学的佐证。

了两个方面的内容，并逐步推进，从工具意义上的善深入到作为目的的善。

一 两种善理论的划分

罗尔斯将善的理论分为善的弱理论（Thin theory of good）和善的强理论（Full theory of good，也可译为"善的充分理论"）两个部分。在善的弱理论中，罗尔斯将善定义为：某物所具有的、有助于理性（rational）[①] 目标之实现的性质。在这个部分，罗尔斯主要探讨的是工具意义上的善，同时也对相应的目标进行了限定。换句话说，当目标是理性的，有助于实现这一目标的手段或工具就是"善"的。因此，罗尔斯的善的弱理论包括两个部分的内容，一是对工具意义上的"善"进行定义；二是对理性目标进行规定，具体是通过理性选择原则对"理性生活计划"进行规定。在善的强理论中，罗尔斯试图建构出更充分的道德学说，这就需要对目的之善做出适当的规定。罗尔斯借助原初状态中人们订立的正当原则，对人们的理性目标进行评价。那些与正当原则相违背的目标就是应该舍弃的。而人们所具有的"道德价值"则指的是：原初状态的人们可以理性地相互要求那些根深蒂固的道德德性。善的弱理论和善的强理论在罗尔斯的正义学说中发挥着不同的作用。其中，善的弱理论是更基本的，是先于正义学说的；而善的强理论则是在正当原则的基础上建立的，是以正义学说为基础的。

具体来说，善的弱理论在罗尔斯的正义学说中有四种应用。第

[①] 在《正义论》中文版的翻译中，rational 被翻译为"合理的"，reasonable 被翻译为"理性的"，因此在有关善的理论中，rational choice、rational plan of life 等概念被翻译为"合理选择""合理生活计划"等。笔者认为在《正义论》中 rational 应翻译为"理性的"，reasonable 应翻译为"合理的"，rational choice、rational plan of life 等概念应翻译为"理性选择""理性生活计划"，详细解释参见本书附录文章。

一，"基本善"是罗尔斯推导出正义原则的重要概念。"基本善"根源于原初状态中人们所拥有的善观念。原初状态中的人们并不知道自己的境况，也不知道自己的欲望是什么，但是他们知道不论自己的理性生活计划是什么，都需要自由和机会、收入和财富等重要的东西。这样就形成一个基本善的"细目表"。罗尔斯认为，基本善的细目表必须由善的弱理论来说明，而不能引入正当原则，否则将变成循环论证。实际上，基本善的细目表是形成正当原则的前提之一。罗尔斯论述道："我们需要我所称的善的弱理论来解释人们对于基本善的理性偏爱，需要这种理论来解释在原初状态选择正义原则的理性这一概念。"（p. 349）第二，在罗尔斯正义学说的建构中，善的弱理论还被用于确定代表人的幸福和期望。罗尔斯反对用财富和权力等指标来确定代表人的期望，主张将更多的善囊括进来，尤其是自尊和自由。因此，"基本善"的相关理论在确定代表人的期望时发挥着重要作用。第三，在两个正义原则中，差别原则的应用需要确定谁是"最小受惠者"，而对于"最小受惠者"的确定，同样需要以"基本善"为指标。第四，针对各种反对意见，某些善的观点被用于辩护公平的正义。而这种辩护只能援引"善的弱理论"，从理性选择的角度进行辩护。如果辩护的理由涉及目的之善的内容，人们由于各自的善观念不同就不可能在正义原则的问题上达成一致。由此看来，善的弱理论在正义原则的推导过程中发挥了重要的作用，是罗尔斯正义学说的基础。

另外，通过善的强理论，罗尔斯拓展了道德哲学的诸多内容。罗尔斯论述道："它（善的强理论）把正义原则看作已经得到了辩护的，然后又用这些原则去规定和善概念有关的其他道德概念。一旦正当原则确定了，我们就可以用它们来解释道德价值的概念，解释道德德性的善。"（p. 349）在道德哲学中，"道德价值"是仅次于"正当"和"善"的第三重要的概念。罗尔斯借助人们在原初状态中所订立的正当原则深入探讨了"道德价值"的含义，并对人们的道德行为以及缺乏道德价值的行为进行了分析。例如，对于"善行""慈善""分外行为"的讨论；以及对于"不正义的人""坏人""恶人"的讨论，等等。下面我们将具体考察善的弱理论和善的强理论两方面的内容。

二　善的定义

在罗尔斯的正义学说中，善的弱理论包括两个部分：一是对善的定义；二是对理性生活计划的规定。罗尔斯对善的定义是通过三个阶段完成的："（1）当且仅当在已知人们使用 X 的目的、意图等（以及无论何种其他恰当的附加因素）的条件下，A（在比普通的或标准的 X 更高程度上）具有人们理性地要求于一个 X 的那些性质时，A 是一个善 X；（2）当且仅当在已知 K（在 K 是某个人的情况下）的境况、能力和生活计划（他的目的系统），因而考虑到他适用 X 的意图或无论什么的条件下，A 具有 K 理性地要求于一个 X 的那些性质时，A 对于 K 是一个善 X；（3）同于（2），但补充一个条件，亦即，K 的生活计划或他的生活计划中与目前境况有关的那部分本身是理性的。"（pp. 350-351）

为了便于理解，笔者将以中国古代"庖丁解牛"的例子来说明上述善的三阶段定义：（1）假定，人们使用"刀"的目的是"解牛"，而有一把刀非常锋利，比普通的刀都要锋利，那么"锋利"（A）就是人们可以理性地要求"好刀"（X）所具有的性质，就是一个善；（2）已知"庖丁"（K）是一个屠夫，他的工作就是用刀解牛，考虑到他的境况、能力和生活计划，他都理性地要求"刀"（X）要很"锋利"（A），那么"锋利"（A）对于"庖丁"（K）来说就是一个善；（3）补充条件：庖丁（K），他的生活计划以及与目前境况相关的"解牛"的计划本身就是理性的。

从上述例子中我们看到，罗尔斯的善的三阶段定义是逐步深入的：在第一阶段，善的定义是对某物作为工具的善的概括性评论，还没有将行为主体引入定义中。在第二阶段，善的定义将行为主体引入其中，通过人的理性目的对某物作为工具的善进行了限定。在第三阶段，善的定义则更进一步，不仅以行为者的理性目的对某物作为工具的善进行限定，而且还对行为者的生活计划进行了相关规定。

结合"庖丁解牛"的例子，我们可以这样理解这三阶段的定义：第一阶段，从通常意义上来说，"锋利"是刀的一种"善"。一把锋利的刀是一把好刀。第二阶段，对于一个屠夫来说，"锋利"是刀的一种善。我们可以设想更加复杂的情况，例如：对于一个刚刚开始学习用刀的儿童来说，一把锋利的刀就不一定是一把好刀。对于第一阶段定义和第二阶段定义之间的关系，罗尔斯解释道："只有确定了某种景象，或某种特殊的联系被看作自然而然地，我们说某些事物是善的才无需任何解释。……一旦存在任何复杂情况，一旦要选择的事物需要根据特殊需要和境况做出调整，我们就需要采取第二阶段的善定义。"（p. 352）在定义的第三阶段，罗尔斯加入了对行为者的理性生活计划的规定。如果用"庖丁解牛"的例子来说就是：假设，成为一个屠夫是一个理性的生活计划，那么一把锋利的刀就是一把好刀。相反，如果一个人的计划是用刀去伤害朋友或亲人，而这一计划并不是理性生活计划的一部分，那么刀的"锋利"就不再是一个"善"。在罗尔斯看来，对于善的进一步规定必须考察人们的生活计划。罗尔斯论述道："我们还常常要评价一个人的欲望的理性，善的定义如果要为正义理论目的服务，就必须扩展。善的第三阶段定义的基本观念就是要把定义应用于生活计划。"（p. 358）

从上述分析中我们看到，在善的弱理论中，罗尔斯对善的定义包括两方面的内容：一是某物作为实现某种目的的手段而言是有效的；这是物品在工具意义上具有价值。二是相关目的本身必须是理

· 129 ·

性的,是行为者"理性生活计划"的一部分。这也解释了罗尔斯为什么称自己的善理论为"理性的善"。实际上,罗尔斯善理论中的善概念是通过"理性"而得到定义的,并且同时包含工具意义上的理性和目的意义上的理性两个部分。下面,我们来具体考察罗尔斯对于目的意义上的理性的讨论,也就是对"理性生活计划"的规定。

三 理性生活计划

罗尔斯首先给出了理性生活计划（rational plan of life）的定义:"一个人的生活计划是理性的,当且仅当,（1）这些计划都适合于他的处境之相关特征时,它是一种与理性选择原则一致的计划,以及（2）它是满足了这个条件的这些计划中的一种计划,即它是基于充分的审慎理性而把它选择出来的,也就是说,他完全了解相关事实,并且仔细考虑了其后果。"接着,依据理性生活计划的定义,罗尔斯又给出了理性目标（rational aims）的定义:"一个人的利益和目标是理性的,当且仅当,它们受一种计划所鼓励和规定的,而这种计划对他来说是理性的。"（pp. 358-359）

从罗尔斯对理性生活计划的讨论中我们看到,所谓"理性目标"依赖于"理性生活计划"的定义,而一项"理性生活计划"并不是关于人们一生将如何度过的详细的安排,"它包括一系列不同等级的计划,更为详细的子计划有待于在适当时候补充"。（p. 360）在罗尔斯看来,对"理性生活计划"的定义起关键作用的在于两个原则的确切含义。这就是"理性选择原则"（principles of choice）和"审慎的理性"（deliberative rationality）。

理性选择原则也被称为计算原则,它由三个次一级的原则组成。罗尔斯将理性选择原则用以对短期生活计划进行讨论。其中,第一条原则是"有效手段原则"（principle of effective means）:人们应该采用能够以最好方式来实现自己目的的手段。如果目的是给定的，那么就应该采用花费最小的手段来实现它；如果手段是给定的，那么就应该在最大可能的范围上实现相关目的。（p. 361）例如，如果一个人的目的仅仅是填饱肚子，那就应该用最少的钱买最便宜的饭菜；如果一个人身上只有 5 块钱，并且想要填饱肚子，那就应该用这 5 块钱买最能填饱肚子的食物，比如一个大面包，而不是将这 5 块钱买一袋瓜子。能够找到有效地满足自己目的的手段，这是人之理性最基本的内涵。

第二条原则是"蕴涵原则"（principle of inclusiveness）。这条原则的含义是：如果有两个计划 A 和 B，其中 A 计划能够实现 B 计划所有的目标，而且还能实现其他一些目标，那么计划 A 比计划 B 更可取。罗尔斯举的例子是暑期计划：对于某人来说，如果去巴黎能够实现去罗马所要达到的所有目标，而且还能实现一些在罗马无法实现的目标，那么就应该选择去巴黎。因为，后者能够使得假期计划所付出的金钱、时间和精力等手段得到更有效的利用。（p. 362）

第三条原则是"更大可能性原则"（principle of greater likelihood）。这条原则的含义是：如果两个计划 A 和 B，对于行为者的某些目标来说，A 比 B 有更大的实现的可能；同时，其他目标实现的机会是相等的，那么 A 计划就比 B 计划更可取。再以假期计划的例子来分析，如果去罗马或者去巴黎都能实现行为者欣赏古代艺术的目标；同时，相比于去罗马，去巴黎还有更多的机会实现观看时装表演的目标，而且观看时装表演也是行为者想要达到的目标之一，那么去巴黎就比去罗马要可取。（p. 362）

从上述分析中我们看到，有关理性选择的三条计算原则，都是针对短期计划之手段的有效性来说的。这三条原则只能达到使手段更加有效地实现行为者的短期目的的效果，而并不能对行为者包含各种短期计划在内的长期计划做出是否理性的判断。就拿罗尔斯所讨论的假期计划的例子来说：如果某行为者 A 打算在假期考察西方古典艺术，那么他可以选择去罗马或者去巴黎。去巴黎不仅可以考察古典艺术，而且还有机会欣赏到时装表演；同时，欣赏时装表演也是 A 的兴趣之一，那么 A 就应该选择去巴黎而不是罗马。但是，如果我们更深入地考察这个例子，假设 A 的职业打算是成为一名古罗马时期艺术的专家，而不是泛泛地欣赏古典艺术，那么他就应该去罗马而不是巴黎；相反，如果 A 的职业计划是成为一名复古风格的服装设计师，那么他的假期计划就应该去巴黎而不是罗马。可见，在许多具体境况中，单凭三条理性选择原则并不能做出最终的理性选择。

罗尔斯认为，计算原则往往是给人们指出一批较好的选择，但并不能排出这些计划的优劣次序。由此，罗尔斯借鉴西季威克的观点，引入了慎思的理性的概念："我按照西季威克的思想引入了慎思的理性的概念。西季威克把一个人未来的总体善，描述为在他的全部可能的行动方案的结果此时能够被他准确预见并在想象中充分实现的条件下，他现在会欲望和追求的东西。一个人的善是产生于慎思平衡的冲动力与某些条件的虚拟合成物。"（p. 366）罗尔斯假设，"慎思的理性"是行为者在下述条件下做出的理性选择：（1）准确无误地知道与理性计划相关的事实；（2）了解自己的真实欲望（例如：成为艺术史专家，还是成为服装设计师）；（3）确切地知道决定可能带来的所有后果；（4）行为者所做的推理和计算没有任何错误。罗尔斯总结道："当一个人借助于所有有关事实构想出实现这个计划会是个什么样子，并据此确定出会最好地实现他的那些更为基本的欲望的行为方案时，作为这种缜密反思的结果他会决定采取这个计划。"（p. 366）显然，慎思的理性是理想化的。通常情况下，人们对于相关知识以及自身欲望的了解都是不全面的。而且，人们也不可能时时处于需要大量信息和计算的慎思之中，这样会浪费过多的时间和精力。因此，罗尔斯认为，慎思是一项活动,当"由改进计划带来的可能利益对于反思所付出的时间与努力是值得的",人们应持续进行这项活动;直至"进一步的计算表明了前景,再多的知识也不值得费力去获得"。而此时,"按照一项满意的计划去做就是完全理性的"。(p. 367)

由于完全的慎思是不可能的,罗尔斯给出了几条经验性的慎思原则。第一,排除错误的信念,以及由错误信念所引发的欲望。比如说,在去巴黎还是去罗马的例子中,如果行为者的欲望是成为一名服装设计师,并且这一欲望是基于服装设计师的收入颇高这一信念。那么,这一信念是否真实就关系到行为者的生活计划是否理性。如果这一信念并不真实,那么行为者 A 的生活计划就不是理性的。第二,考察自身欲望形成的环境,排除干扰因素。罗尔斯认为,人们形成相应的欲望时常受到周围环境的影响,有的欲望并非反映了行为者的真实愿望。比如在上述例子中,行为者 A 想成为服装设计师,这一欲望是在服装设计师收入颇高的信念的基础上形成的。那么,A 更深层的欲望实际上是获得更多的财富。而这一欲望很可能是受周围环境的影响,并没有体现 A 真实的兴趣。所以,要进行有效的慎思活动,就必须尽量排除周围环境的影响,从而准确地判断自己的真实欲望。第三,罗尔斯从时间的维度提出了慎思的"推延原则":"如果其他条件相同,按照理性计划的要求,我们应当使自己处于自由状态,直到我们对有关的事实有了一个清楚的观点。"(p. 369)比如说,一个年轻人起初并不知道自己是想成为艺术史专家,还是服装设计师;那么,他可以等到清楚地了解了自己的真实欲望后,再做出最终的决定。另外,罗尔斯还认为在时间的维度上,人生的各个阶段是连续的,每个阶段都有相应的任务和快乐;同时,前面阶段的努力会增加后面阶段的快乐。罗尔斯认为,在一个理性的生活计划中,"我们应当在较早阶段安排好这些任务与快乐以便在较晚阶段上生活得幸福"。也就是以提高期望(至少不降低)的方式安排生活的不同阶段。罗尔斯的这一观点,用中国的一句老话来说就是:"少壮不努力,老大徒伤悲。"第四,罗尔斯给出了如何判断一个人的生活计划是否是理性的生活计划之标准,这就是:"不自责。"罗尔斯论述道:"一个理性的人总是使自己这样的行动,以便无论事情后来会变得如何他都永远不需要责备自己。由于他把自己看作一个经历时间的连续存在物,他就能够说,在他的生命的每一个时刻他都做到了理性的平衡所要求的或至少所允许的一切。"(pp. 370 – 371)由于知识的模糊和局限,这个原则并不能保证人们能够在每一个时刻都能找到最好的选择,"按照慎思的理性去做只能保证我们的行为不受责备,保证我们对自己的历久人格是负责任的"。(pp. 370 – 371)罗尔斯认为,对自己的责任原则类似于一个正当原则,也就是说,当某人通过理性慎思而确认自己在事件的整个过程中都做出了理性的选择,确认自己无须自责,此刻的自己无须责备彼时的自己,那么这个人的行为就是正当的。

在对于一项计划是否理性的判断中,罗尔斯还区分了"不后悔"和"不自责"之间的区别。罗尔斯认为,通常情况下,"一个有理性的人不会在实现了预期的结果时变得对它如此反感,以致后悔当初遵循了那个计划"。(p. 370)但是,"不后悔"并不构成理性生活计划的充分条件。因为,事实上有可能存在另一个更好的计划,只是由于知识和信息所限,行为者并没有选择那个更好的计划。在这样的情况下,行为者所遵循的计划被称为主观上的理性生活计划,而那个最好的没有被选择的计划则是客观上的理性生活计划。行为者可能因为自己没有采用那个客观上的理性生活计划而后悔。但是,只要行为者采用了主观上的理性生活计划,就不会产生"自责"。因为,他已经在自己的理性能力范围内尽了所有的努力。

值得注意的是,由"理性生活计划"所规定的善的概念是纯粹形式的。这一概念仅仅告诉我们:"一个人的善取决于他根据慎思的理性会从最高级的计划中选择的那项理性生活计划。"（p. 372）但是，我们无法从理性选择原则和慎思的理性中推导出理性的生活计划的具体内容。一个年轻人是应该立志做艺术史专家还是做服装设计师，不借助生活的具体内容，我们无法做出判断。罗尔斯认为，可以从下述四个方面入手来确定理性生活计划的内容：第一，考察人们的欲望和需要，以及它们的相对紧迫性和循环性。例如，对于一个生活在饥寒交迫中的人来说，吃饱穿暖就很可能是其理性生活计划的重要内容。第二，理性生活计划的内容应该与人们的能力相适应。如果一个没有音乐天赋的人将成为音乐家作为自己的生活计划，就很难说是理性的。第三，罗尔斯引入了被称为亚里士多德主义原则的动机原则来确定理性生活计划的内容。第四，人们之间的相互依存关系决定了社会制度将支持那些有助于增进公共利益的生活计划，而不是那些损害他人利益的生活计划。这也从一定程度上对理性生活计划的内容进行了限制。

　　罗尔斯深入讨论了从亚里士多德的《尼各马可伦理学》中引申出来的动机原则——亚里士多德主义原则。这条原则的含义是："如其他条件相同，人们以运用他们已经获得的能力（天赋的或从教育获得的能力）为快乐，能力越是得到实现，或所实现的能力越是复杂，这种快乐就越增加。人们做某事越熟练，从中获得的快乐就越大，在两件他们能做得同样好的活动中，他们更愿选择需要做更复杂和微妙的分辨力的活动。"（p. 374）罗尔斯举例说，如果一个人既会下跳棋又会下围棋，而围棋比跳棋要复杂，那么他将更喜欢下围棋。罗尔斯认为，亚里士多德主义原则说明了人们有许多欲望的原因。说明了随着人们能力的增长，人们参与更复杂的活动的欲望也会随之而增加。这种欲望和能力的相互促进和增长会一直进行下去，直至为了进一步的能力增长而不得不付出的努力与能力增长而带来的快乐相互抵消时为止。罗尔斯认为，如果我们将亚里士多德主义原则当作一个自然事实,那么我们就能够这样来描述一个理性生活计划:通过这个计划,"一个人能够达到其生命的繁荣,只要环境可能,尽可能地去运用他的已经获得的能力"。(p. 376)与此同时,如果这样的计划因其给其他人带来的利益而受到人们的尊重和赞扬,那么这种亚里士多德主义原则所鼓励的生活计划对于其他人来说也同样是善的。

四 从弱理论到强理论

在罗尔斯的正义理论中,善的弱理论和强理论发挥着不同的作用。罗尔斯强调,善的弱理论应该仅仅被用作对原初状态的描述,以推导出正义原则和正当原则;另外,当人们借助善的理论来进行道德价值的评判时,就是善的强理论的应用。在伦理学中,"道德价值"是排在"正当"和"善"之后的第三个重要概念。规定"道德价值"并对人们的行为作出"道德评价"是善的强理论的重要内容。

为了将善的弱理论进行扩展以便对人们的行为进行道德评价,罗尔斯讨论了"好人"这一概念的内涵。罗尔斯将"好人"的概念与"好工具"的概念相对照,认为所谓"好人"指的是那些与常人相比具有更高程度的、人们可以理性地相互要求的根深蒂固(broadly based)的性质的人。就像任何工具称得上好都应具备"效能""耐久""易于维护"等性质一样,"好人"也有某些根深蒂固的特征。而且,"好人"与"好医生""好律师"这样的判断不同,它并不取决于人们的特殊社会角色。一个人是不是"好医生",取决于医生这样的社会角色,以及他是否成功地扮演了这一社会角色。但是,"好人"却是跳出了具体的社会角色,是一个纯粹的道德判断。最终,罗尔斯借助于"原初状态"来确定一个"好人"到底应具备什么样的特征:"一个良序社会的代表成员将发现，他希望其他人也具有哪些基本德性，特别是具有一种正义感。他的理性生活计划是和正当的约束性条件一致的，同时，他必然会要求其他人也承认这些限制。"（p.383）借助原初状态以及正当原则和正义原则的约束，罗尔斯得出结论："基本德性属于一个良序社会的成员们会理性地相互要求那些根深蒂固的性质。"（p.383）在确定了"道德德性"的含义之后，"好人"的含义也就进一步得到确定。罗尔斯论述道："一个好人，或一个有道德价值的人，是已具有超过常人的较高程度的、原初状态的人们可以理性地相互要求那些根深蒂固的道德德性的人。"（p.384）

通过上述推导，罗尔斯将善的弱理论扩展为善的强理论。在这个过程中，"道德价值"的概念，亦即什么是一个"好人"，得到了说明。在这一推导过程中我们看到，善的弱理论对正义原则和正当原则做出规定，而借助于正当原则对于人们的善观念的约束，道德价值得到说明。罗尔斯强调，在这一推导过程中没有借助任何"先验的"预设，而只是借助了原初状态中平等而自由的人们会相互提出的道德要求。

在将善的弱理论扩展为善的强理论之后，罗尔斯对不同行为所具有的道德机制进行了评价。第一，所谓"善行"（benevolent act）指的是：出于自由而同时有利于他人的行为。罗尔斯认为，"善行"并不是自然义务或职责要求人们必须做的行为，是人们可以做也可以不做的行为。同时，这样的行为能够发展或倾向于发展另一个人的善（适合其理性生活计划）。举例说明，人们遵守交通规则，这一行为虽然同时有利于他人，但却是人们的自然义务所要求的，并不能算作善行。第二，"慈善"（benevolent action）指的是：为另一个人的善而做出的行为，是出于另一个人应当获得这种善这样的欲望而做出的行为。（p.385）"善行"和"慈善"之间的区分在于，前者通常是一两次偶然性的行动，而后者则是长期的、有意为之的一系列行动。第三，"分外行为"（supererogatory act）指的是：某种善行能给对方带来很大的益处，同时行动者可准确估计该行为会给自己带来巨大的损失或风险。罗尔斯区分了自然义务所要求的"相互帮助"与"分外行为"之间的不同，前者是在自身损失不大的情况下做出的，而后者则可能给行为者带来巨大损失或危险。所以，像"见义勇为"这样的道德行为就应该属于"分外行为"；而"扶起摔倒的老人"在通常情况下，则是自然义务对人们提出的要求。

借助善的强理论，罗尔斯不仅对富含道德价值的行为作出了排序和区分，而且还对缺乏道德价值的行为作出了区分。罗尔斯以不正义的人、坏人和恶人为例，区分了三种缺乏道德价值的情况。罗尔斯举例说，这三种人可能都想要对别人进行某种极权统治，但是他们的行动却出于不同的原因。第一，不正义的人（unjuest man）追求极权是为了财富和安全这样的目的，而出于这类目的的行为如果受到恰当的限制可能是理性的。第二，坏人（bad man）追求极权是为了体验主宰他人所带来的快乐。这种目的无论如何限制，都是非理性的。第三，恶人（evil man）则更进一步，他们追求极权是因为这种统治侵犯了独立的人们在一种原初的平等状态中会同意的东西。也就是说，他们的目的是直接违背平等而自由的人们一致赞同的原则。这是对道德价值的最深层次的否定。

五 应用于个人的正当原则

如本书第一讲"作为公平的正义"所述，罗尔斯不仅讨论了应用与社会制度的原则——正义原则，还讨论了两种应用于个人的正当原则——"公平原则"和"自然的义务"。其中，"公平原则"赋予人们职责（obligation），而"自然的义务"则赋予人们道德义务（moral duty）。这两种原则对人们的行为及善观念进行了限制。

第一，罗尔斯认为，直觉的观念告诉人们，"当一些人根据规范参加了一种互利的合作探索，就必须以生产对所有人的利益的方式限制他的自由，那些服从这些约束的人们就有权要求那些从他们的服从得利的人又要同样的服从"。（p. 96）也就是说，如果人们从一种自愿加入的公平合作中获利，那么就有责任遵循那些使人们从中获利的规则。由此，罗尔斯认为，在下述两个条件成立的情况下，人们有义务履行一种制度规范所确定的职责："首先，这一制度是正义的（或公平的），即它满足了正义的两个原则；其次，一个人自愿地接受这一安排的利益或利用它提供的机会促进他的利益。"（p. 96）

第二，道德义务是"自然的义务"对人们提出的道德要求。道德义务包括肯定的（positive）和否定的（negative）两种。肯定的道德义务有：尊重他人、在不需要做出重大牺牲的情况下帮助他人等；否定的道德义务有：不损害他人的健康和财产、不施以不必要的痛苦等。道德义务与职责有三个方面的重要区别：（1）"职责"指的是公平原则对人们的道德要求，"自然的义务"则是任何良序社会的成员都负有的道德义务。职责与特定的政治制度相关，如果政治制度并非正义的，那么人们就不负有任何职责。罗尔斯特别强调，公平原则不能依附于不正义的制度。相反，道德义务存在于任何政治制度之中，尊重他人、在力所能及的范围内帮助他人，这些道德义务是处在任何制度中的人们都应该遵守的。（2）职责是作为自愿行为的一个结果而产生的，只有当人们自愿接受某种政治制度的安排时，才负有相应的职责。相反，"自然的义务"却是无条件的，与人们是否自愿接受某种制度安排无关。（3）职责并不是平等地归之于所有社会成员的，那些身居高位、拥有更多资源和权威的社会成员负有更大的职责，因为他们更可能获得政府公职，能够更好地利用正义制度所提供的各种机会。相反，自然义务却是每一个普通公民应尽的平等的义务。

罗尔斯认为，在一个良序社会中，人们主要负有三种自然义务：第一，支持和发展正义制度的义务、相互尊重的义务以及相互帮助的义务。其中，支持和发展正义制度的义务包括两个方面："当正义制度存在并施用于我们时，我们必须服从正义制度并在正义制度中尽我们的一份职责；当正义制度不存在时，我们必须帮助建立正义制度，至少在对我们来说代价不很大就能做到这一点的时候要如此。"（p.294）第二，所谓"相互尊重"的义务，指的是："给予一个人以作为一个道德人，亦即作为一个具有一种正义感和一种善的观念的人所应得的尊重的义务"。（p.297）罗尔斯认为，相互尊重意味着人们能够站在对方的立场，以及从对方的价值观念出发来考虑问题；而且，当自己的行为影响了对方的利益时，能够给出合理的解释。第三，"相互帮助"的义务。罗尔斯认为："在对行为者来说牺牲和危险并不很大的情况下，去做对另一个人来说是非常好的，尤其是使他免于巨大危害或伤害的行为，是一个由互助原则所要求的自然义务。"（p.385）罗尔斯援引了康德的观点来论证相互帮助的义务。在康德看来，互助义务的根据在于可能会出现我们需要其他人帮助的情况，所以不承认这个原则就是剥夺我们从其他人那里获得帮助的权利。（pp.207-298）

罗尔斯认为，适用于个人的正当原则并不对人们提出"分外行为"的道德要求。例如上文提到的善行、慈善以及见义勇为等具有很高的价值的行为，这些并不是人们的职责或义务，而是人们在自己的善观念指引下做出的自由选择。在"分外行为"的问题上，罗尔斯批评了功利主义。罗尔斯认为，功利主义以增大社会整体利益为最终目标，往往要求个人为集体利益而做出巨大牺牲。这是向个人提出了"分外"的道德要求。功利主义无法区分哪些道德要求是"分外行为"，哪些道德要求是义务和职责，这是由其没有能够恰当地处理"正当"与"善"的关系造成的。

六　善与正当的关系

"正当"与"善"是伦理学中两个最重要的概念，罗尔斯对这两个概念进行了系统的区分。在罗尔斯看来，"正当"与"善"的区别在于：第一，正当原则是唯一的，善观念是多元的；第二，善观念的多样性本身就是一种善；第三，正当原则形成于"无知之幕"之后，而善观念的形成依赖于各种具体的知识；第四，在社会契约论中，"正当"优先于"善"。

第一，罗尔斯认为，善观念是多元的，因为理性选择原则不要求一致的同意，每个人按照自己的意愿计划着自己的生活。而且，这并不影响人们对于正义原则达成一致。依照原初状态的设定，人们拥有选择的自由，拥有良心自由和表达自己意见的自由。这决定了人们拥有形成善观念的自由。人们的善观念不仅是多元的，而且没有高低贵贱的排序。这一点在原初状态是如此，在现实生活中也是如此。每个人都有自己的理性生活计划，只要这样的计划并不与原初状态中所订立的正当原则相冲突，那么就是值得鼓励的。在罗尔斯看来，如果我们认为理性选择的原则决定了人们的生活计划是一致的，那么实际上就否定了人们所拥有的这些自由。因此，人们的善观念一定是多元的。与此相反，正当原则（亦即人们的理性生活计划不能逾越的界限）却是一元的，而且在具体应用中形成一致的判断。罗尔斯论述道：对于正义原则，"我们不仅需要共同的原则，而且需要把这些原则应用于具体例子中去的相似的方式，以便能确定相互冲突的要求的一种最终排序"。（p. 394）

第二，罗尔斯认为，人们的善观念的多样化本身也是一种善。人们各自不同的天分和能力，以及所处的不同生活境况，这些因素促成了每个人独特的善观念。在理性生活计划和善观念的问题上，别人的意见（例如父母的意见）往往只是建议性的。人们拥有完全的自由来设计自己的生活。人们的理性生活计划经常是不同的,这种多样性使得人们的生活更加丰富,在相互的交流中而获得更多的快乐。"仿佛是,我们自己的未能培养的部分是由他人来发展的。"(p. 394)

第三,在罗尔斯看来,"善"与"正当"的另一个区别是:"正义原则的许多应用受到无知之幕的限制,而对一个人的善的估价却依赖于对事实的充分知识。"(p. 394)罗尔斯认为,正义(正当)原则的制定和实施都是在具体信息缺失或部分缺失的情况下进行的。正当原则的制定是在无知之幕之后,而在具体的制宪和立法过程中,理想的立法者和选民们也只了解那些适合他们的一般事实。只有在司法和行政阶段对于知识的所有限制才不复存在。然而,对于每个人的善观念来说,其形成和应用都必须适合于每个人的具体情况。

结合罗尔斯的论述,我们可以这样来理解善与正当之间的关系:善的理论是关于人们应当追求什么的理论,每个人都有可能发展出一套自己的"善的强理论",制定出自己的理性生活计划。然而,无论自己的善观念是怎样的,都必须以"正当"为限。也就是必须以人们在原初状态中通过理性反思而达成一致的道德规范为限。善与正当有着相互独立的来源,正当来自原初状态中人们的协商,而善来自现实生活中每个人的理性欲望。"正当"观念的形成依赖于原初状态的设定,依赖于遮蔽知识的"无知之幕";而"善"则是每个人在具体的生活境况中的理性欲望的展现。可以说,正当和正义是制度的道德,而善则是个人的道德。正是在这个意义上,罗尔斯认为,"正义是社会制度的首要美德"。(p. 3)在罗尔斯的正义学说中,制度的道德是优先于个人道德的。这决定了"正当"优先于"善"。也就是说,人们的理性欲望和理性生活计划都必须受到正当原则的限制。

在正当与善的关系问题上,罗尔斯对功利主义进行了深入的批评。在功利主义学说中，正当概念没有独立的来源，正当是被善所定义的。所谓善就是理性欲望的满足，而所谓"正当"则是社会中所有个体的理性欲望满足的最大净余额。因此，只要是能增加"善"的就是"正当"的。如此一来，对于人们具体的生活计划就没有了任何道德上的限制，而这有可能在集体决策中得出与道德直觉相违背的结论。罗尔斯举例说，如果社会中存在某种大多数人厌恶的宗教活动或性行为，而且对相关活动的压制是大多数人生活计划的一部分，那么"寻求欲望的最大满足就可能证明以粗暴手段压制不引起社会伤害的行为是正当的"。（p. 395）然而，这样却可能严重侵犯了被镇压者的权利和自由。

第四，罗尔斯认为，契约论的理论结构决定了，在作为公平的正义学说中，正当是优先于善的。因此，不可能出现追求善而侵犯权利的问题。用罗尔斯的话来说，如果大多数人的强烈偏好和欲望并不符合人们在原初状态中对于"正当"问题所达成的共识，那么这样的欲望满足是没有任何价值的。（p. 395）在契约论中，自由和平等的基础是独立于现实中的欲望和偏好的，它们来自在公平环境中人们所达成的理性共识。除非依据正当原则，人们不能随意地压制其他人的行为和信念，以及相应的生活计划。罗尔斯论述道："在公平的正义这里，正当概念和善概念具有不同的特点。这些区别来自契约论的结构，来自由此产生的正当和正义的优先性。"（p. 395）在罗尔斯看来，功利主义的问题正是将个人的道德与制度的道德混为一谈，简单地将个人的"善"观念扩展为制度的"正当"观念。将个人的选择原则扩展为整个社会的选择原则。

值得注意的是，正当对于善的优先，毋宁说是一种底线优先。正当仅仅为人们的行为划出了道德底线。"勿杀人、勿偷盗、勿撒谎……"这些以否定形式表达的道德戒条并没有给人们的道德行为指出崇高的发展方向。任何道德行为的动机都在于人自身，在于人自身的理性欲望和生活计划。如果一个人愿意为了祖国的利益而献出自己的生命，那么这样高尚的道德行为是在其自身善观念的指导之下做出的，并不是由正当观念所决定的。因此，所谓正当优先于善，并不是说正当具有高于善的道德价值，而是说任何追求善的行动都必须受到正当原则的限制，以正当原则为底线。如果为了增进集体的公共利益而必须对某些个人做出违反正当观念的事情，那么这样的善观念就应该被修正。

在伦理学中，认为"正当"与"善"有各自独立的含义，并且认为"正当"优先于善的伦理学理论被称为"义务论"或"道义论"；相反，以"善"定义"正当"，并且认为"善"优先于"正当"的伦理学被称为"目的论"。罗尔斯的正义学说和功利主义学说分别是"道义论"和"目的论"的重要代表。

第八讲
正义的制度

制度构建的四个阶段
平等的参与原则
法治的准则
公共部门与公共利益
政府的五个部门

正义的制度

在前述各讲的讨论中，罗尔斯对正义问题的研究始终没有超出纯粹理论的界限；或者说，都是在"原初状态"当中进行的。无论是正义原则的选择、优先规则的推导，还是对于程序正义和基本善的探讨，罗尔斯始终在哲学反思的层面讨论正义问题。然而，作为一种政治哲学，其最终目的必然是指导政治现实。因此，罗尔斯的正义理论也就不可避免地与政治制度、政治行为等现实政治问题发生关联。罗尔斯对正义问题的讨论自然地延伸至制度和政策的层面，涉及与政治现实相关的各种问题。例如：什么样的政治程序能保证政治制度的正义？人们如何走出"原初状态"并开启"无知之幕"？如何依据正义原则来订立宪法、法律和政策？这些正是《正义论》的第二编"制度"所要讨论的问题。本讲将重点讨论制度的正义问题。

一　制度构建的四个阶段

罗尔斯将正义原则从产生到最终形成规范社会秩序的政治制度的过程构想为四个阶段，分别是：在原初状态中选择正义原则、制宪会议、立法阶段、执法与守法。其中，从原初状态中推导出正义原则的内容已在前述各讲详细讨论过了，这一讲我们重点讨论制度建构的后面三个阶段。

　　首先，罗尔斯构想，当人们在原初状态中选择了两个正义原则之后，就进入一个制宪会议。在这一制宪会议中，他们作为制宪会议的代表，将依据两个正义原则确定一个正义的政治结构并制定一部宪法。这部宪法将为政府的立宪权力与公民的基本权利划定界限。在制宪会议阶段，"无知之幕"被部分地开启，"人们除了解社会理论原则之外，现在还知道了有关社会的一般事实，即社会的自然环境、资源、社会经济发展和政治文化的水平等等"。(pp. 172-173) 例如，人们知道自己的国家处于地球的什么位置，有什么样的自然资源；知道他们的历史文化传统和经济发展水平的状况的信息。其次，他们仍然不知道许多与自身有关的具体信息，"他们不知道自己的社会地位及其在自然天赋的分配中的地位，或者他们所持的善的观念"。(p. 172) 这些限制使得制宪会议的代表无法将所要订立的宪法裁剪得适合于自己的利益。

　　罗尔斯认为，在理想状况下，一部宪法旨在确定一种能保证结果正义的政治程序。一个政治程序在最好的情况下将是一个完善的程序正义。从这样的程序中制定出的法律、法规和政策，以及做出的政治决断都将是正确的。那么，以什么标准来判断这些政治决定正确与否呢？罗尔斯认为，两个正义原则充当了一部宪法所规定的政治过程是否最终能推导出正确的政治决定的判断标准。换句话说，如果由宪法所规定的政治程序之结果符合两个正义原则，那么这就是一个完善的政治程序，一部正义的宪法；反之，如果通过宪法程序而订立出来的法律不符合两个正义原则，那么这个政治程序就是不完善的程序正义，相应的宪法就需要进行修正。与此同时，由宪法所确定的这一政治程序本身也不能违背两个正义原则，尤其是平等的自由原则。举例说明，宪法通常会对立法程序进行规定。按照罗尔斯的说法，由宪法所规定的立法程序不能违背两个正义原则（这一阶段适用的主要是平等的自由原则），同时，通过这一程序订立的法律也不能违背两个正义原则（平等的自由原则、公平机会的平等原则以及差别原则）。由此，为了判断一部宪法是否确立了一个完善的政治程序，人们就必须考察依据这一宪法所订立的相关法律、法规以及做出的政治预期，看看它们是否符合两个正义原则。而这就将人们带入了制度建构的第三个阶段：立法阶段。而此时，人们所订立的法律不仅必须满足宪法所施加的种种限制，而且还必须满足两个正义原则。罗尔斯认为，这就像通过"反思平衡"而找到对"原初状态"的恰当设定一样，"人们在制宪会议和立法阶段之间，通过反复酝酿找到了最佳宪法"。(p. 174)

在罗尔斯的构想中，制宪会议和立法阶段这两个步骤处理的是社会结构的不同部分。在制宪会议阶段人们的主要任务是制定能够保证个人的基本自由、良心和思想自由的政治程序，以确定人们作为平等公民的地位。达到了这些目的的制宪会议就实现了政治正义。因此，制宪会议主要是对正义的第一条原则"平等的自由"的应用。在立法阶段，正义的第二条原则（尤其是差别原则）发挥了作用，"它表明社会、经济政策的目的是在公正的机会均等和维持平等自由的条件下，最大限度地提高最少获利者的长远预期"。(p. 175) 同时，由于第一条正义原则优先于第二条正义原则，因此，制宪会议优先于立法阶段。这种优先不仅是在时间意义上的优先，而且意味着所有的立法过程都必须受到宪法的限制。

对于无知之幕如何在制度构建的四个阶段逐步开启，罗尔斯认为，可以将人们获知的事实区分为三种："社会理论（以及相关的其他理论）的首批原则及其推论；关于社会的一般事实，如经济发展的规模和水平、制度结构和自然环境等等；关于个人的特殊事实，如个人的社会地位、自然禀赋、特殊兴趣。"(p. 175) 在原初状态中，人们只知道第一类事实；在制宪会议和立法阶段，人们知道第一类和第二类事实；最后，在执法机关执法和普通公民守法的阶段，无知之幕被完全开启，所有关于个人的特殊信息都为人们所知。

值得注意的是，罗尔斯认为自己对制度建构的四个阶段的构想并不是对政治现实的解释，而是对政治过程的规定，是从"作为公平的正义"这一学说中得出的推论。在罗尔斯看来，制度建构的四个阶段为人们提供了一系列的观察点，人们可以从不同的观察点来解决正义问题："一种正义宪法就是理性的代表在第二阶段的限制条件下将为其社会采用的一种宪法。同样，正义的法律和政策就是将在立法阶段制定的法律和政策。"（p.176）以此类推，正义的执法是符合"法治准则"（下文第三部分内容）的执法，而正义的行为则是遵守法律的行为。当然，作为公平的正义的相关理论并没有指出哪一部宪法、哪一种经济和社会的制度安排将被选择，可能有一批宪法和经济社会安排都符合两个正义原则。罗尔斯在这里引入了"准程序正义"的观念："即只要各种法律和政策处在允许的范围内，并且一种正义宪法所授权的立法机构事实上制定了这些法律和政策的话，这些法律和政策就是正义的。"（p.176）打个比方，如果有好几部宪法以及相应的法律法规都满足两个正义原则，而且都是由宪法所授权的立法机构制定的，那么这些宪法和法律就都是正义的。换句话说，正义的制度并不是唯一的，并非只有自由主义的制度才是正义的。在罗尔斯看来，"正义论中的这种不确定性自身不是一个缺点，而正是我们所期待的"。（p.176）

二　平等的参与原则

在对制宪会议这一阶段的具体讨论中，罗尔斯认为，一个立宪过程要实现政治正义必须满足两个条件："第一，正义的宪法必须是一种满足平等自由要求的正义程序；第二，正义的宪法应该这样构成：即在所有可行的正义安排中，它比任何其他安排更可能产生出一种正义的和有效的立法制度。"（p.194）在这两条标准中，罗尔斯将"平等自由"的要求阐释为(平等的)参与原则:"参与原则要求所有的公民都应有平等的权利来参与制定公民将要服从的法律的立宪过程并决定其结果。"(p.194)罗尔斯认为,立宪过程应该维持原初状态中人们所拥有的平等的代表性。因为,通过立宪而产生的强制性权力将永久性地影响人们的生活前景。罗尔斯借用法国政治思想家本杰明·贡斯当(Benjamin Constant)所描述的"古代人的自由"①阐释参与原则,并且认为,参与原则的要求就是贡斯当所理解的"古代人的自由"。在罗尔斯看来,这是一种广泛而平等的政治参与,"所有健全的成年人(除了一些公认的例外之外)都有权参与政治事务,并且每一个有选举权的人都有一张选票这一规则得到尽可能的尊重。选举是公正的、自由参加的和定期举行的"。(p.195)

罗尔斯具体讨论了参与原则三方面的内容:意义、范围和提高其价值的手段。第一,对于参与原则的意义,罗尔斯认为包括四点内含:(1)对于"一人一票"的严格遵循。即每个有选举权的人都有一张选票。②(2)对于单一选区来说,每一立法成员代表相同数量的选民。(3)对于有多个选区的情况来说,"通过宪法事先规定,并由一个公正程序尽可能实行的某些一般标准来划分选区"。(p.196)这一要求是为了防止一些人将选区划分得适合自身的利益。(4)所有公民至少在形式上应有进入公职的平等途径。例如:参加政党、竞选由选举产生的职位并在权力机构中占据地位。

---

① 参见[法]本杰明·贡斯当对"古代人的自由"的描述:"古代人的自由在于以集体的方式直接行使完整主权的若干部分:诸如在广场协商战争与和平问题,与外国政府缔结联盟,投票表决法律并作出判决,审查执政官的财务、法案及管理,宣召执政官出席人民的集会,对其指责、谴责或豁免。"([法]本杰明·贡斯当:《古代人的自由与现代人的自由:贡斯当政治论文选》,阎克文、刘满贵译,商务印书馆1999年版)

② 对于"一人一票"的问题,罗尔斯讨论了密尔的观点:受过良好教育、智力超群的人应该有额外的选票,以便使他们的观点具有更大的影响力。但是,罗尔斯并没有明确表示赞同密尔的观点,而是强调密尔的观点必须受制于自由的优先性所施加的各种限制。(p.205)

第二，对于参与原则的范围，也就是人们在多大范围内拥有平等的政治自由的问题，罗尔斯认为，这是由宪法决定的。而宪法又是通过民主的政治程序，由多数人决定的。因此，"平等政治自由范围的主要变化在于宪法在多大程度上是由多数裁决的"。（p.197）由此，罗尔斯对多数裁决原则应受到的限制展开了讨论。罗尔斯指出，"古典自由主义的信条之一是：各种政治自由比良心、个人自由具有较少的内在价值"。（p.202）因此，当政治自由威胁到个人自由时，就应对政治自由做出限制。如果政治自由的范围过大，通过政治参与而形成的强制性权力过大，就会对人们的个人自由（良心自由、思想自由和言论自由）造成威胁；相反，政治自由的范围过小，又会使得政治参与不充分。因此，政治自由不是全有或全无的问题，而是需要不断对其程度做出调节，"使之达到这样一点：即由于对那些掌权者的边际失控而造成的对自由的威胁正好通过较广泛地使用宪法价值而形成的对自由的保障之间达到平衡"。（p.202）

第三，对于提高人们的政治参与的价值的问题，罗尔斯认为宪法必须保证人们参与和影响政治的公平机会。人们在自然禀赋和社会境况方面的差异通常会影响人们的政治参与，以及相应的政治影响力。那些拥有更多资源、更高知名度、能力更强的社会成员将拥有更大的政治影响力。相反，参与政治的机会对于一些生活在底层的社会成员来说，可能没有任何实质性的意义。人们利用参与政治之机会的能力不同，这意味着政治自由对于不同的人具有不同的价值。罗尔斯列举了许多维护政治自由之公平价值的具体措施，例如：财产和财富的广泛分配；政府定期提供费用以鼓励自由公开的讨论；分配给各政党足够的税收，以确保它们不受私人经济的支配；等等。在罗尔斯看来，如果无法保证人们参与政治的公平价值的话，"民主政治过程充其量只是一种受控的竞争过程"。在这一点上，民主不像理想的自由市场那样，是一种完善的程序正义，能够实现效率最大化。在受控的民主程序中,"政治权力急速地被集中起来,而且变得不平等;那些既得利益者经常能通过使用国家和法律的强制工具来保证他们的有利地位"。(p.199)

参与原则是"平等的自由"这一正义原则在具体的政治程序中的应用,它保证了人们在政治事务上的自治。罗尔斯认为,政治上的自治并非为了满足人们追逐权力的愿望,其结果是提高了人们的自尊和公民的政治能力。所以说,"政治自由加强了自我价值感,提高了智力和道德敏感性,确立了正义制度的稳定性所依赖的义务感和职责感的基础"。(p.206)在罗尔斯看来,参与原则与各种制度相容,并非必然指向雅典式的直接民主。参与原则并没有提出一种要求所有人积极参加政治事务的义务。罗尔斯论述道:"在一个治理良好的国家中,只有少数的人花费大量时间来从事政治。"(p.200)可见,罗尔斯对参与原则的阐释并不是要求每个人都成为"积极公民",这与贡斯当所描述的"古代人的自由"有很大的区别。贡斯当所描述的是人人参与的直接民主,而罗尔斯所构想的有可能是人们通过选出代表而间接参与政治的代议制民主。

三 法治的准则

正义的制度以一整套法律的形式贯穿人们的日常生活。在罗尔斯看来,"一个法律体系是一系列强制性的调整理性人的行为并为社会合作提供某种框架的公开规则"。(p.207)法律条文所颁布的公开规则与人们的自由息息相关。如果这些规则是正义的,而且被恰当地执行,那么人们的自由就是可靠的。在罗尔斯看来,"任何充分体现了一种法律体系观念的规范体系"都要遵循某些准则。罗尔斯总结出了四条法治的准则,分别是:第一,应当意味着能够的准则;第二,类似情况类似处理的准则;第三,法无明文不为罪的准则;第四,规定自然正义观的准则。

第一，罗尔斯认为"应当意味着能够"这一准则确认了法律的几个明显特征：（1）"法治所要求和禁止的行为应该是人们理性地被期望去做或不做的行为。"（p. 208）也就是说，法律对人们提出的要求不能超出人们的相关能力，不应该是人们无法办到的事情。（2）法律体系中的立法者、法官及其他官员真诚地相信法规能够被服从。罗尔斯认为，只有当人们普遍地相信法规和法令能够被服从，它们才能被接受。如果所颁布的法令中包含着人们无法达到的要求，这就说明立法者并非真诚地为了公共利益而立法，而是另有所图。（3）法律体系应该将执行的不可能性当成一种有效的辩护，至少是一种可以减缓执行的理由，而不能将无力执行看作无关紧要的事。（p. 208）法治的第一条准则——应当意味着能够——从形式上对法律的内容做出了限制。

第二，罗尔斯认为，"类似情况类似处理"的准则能够有效地限制法官及其他当权者的权限。这条准则的约束将大大减少那些因执法者的偏私而导致的歧视性判决。尤其是随着案件的增多，对歧视性判决的理性论证会变得越来越困难。

第三，"法无明文不为罪"的准则要求：（1）法律为人们所知并公开地宣传。（2）法律条款的含义得到清晰规定。（3）法令在陈述和意向两方面都是普遍的，不能被当成损害某些可能被明确点名的个人（褫夺公民权利法案）的一种手段。基于此，针对个别公民订立的法律是不能成立的。（4）对较严重的犯法行为应有严格的解释。（5）在量刑时不追溯被治罪者的既往过错。（p. 209）其中，第5点的含义是，新颁布的法律对于法律颁布之前的过错不予追究。亦即，不溯及既往。

第四，罗尔斯依据传统自然正义观①的含义引申出对法律系统

---

① 罗尔斯参考了哈特（H. L. A. Hart）对自然正义的解释。参见 H. L. A. Hart, *The Concept of Law*, Oxford University Press, pp. 156, 202。

的另外一些限制，这其中包括：（1）一个法律体系必须准备按照法规来进行审判和受理申诉；（2）它必须包括可保障理性审查程序的证据法规；（3）对于法律的分支程序的设计应该是一种合理设计的、与法律体系的其他目的相兼容的、能够弄清与犯罪事实有关之真相的程序。这意味着法官是独立而公正的，而且不能判决与自己相关的案件；审判是公平、公开的，不能因公众的呼声而持有偏见。（p. 210）

在罗尔斯看来，遵循了法治的准则的法律系统能够保证法律被公正而有规则地执行，而这正是人们自由的最可靠的保障。当然，法治的实现依赖于一个强制性权力及其相应的惩罚和制裁机制的存在。罗尔斯借鉴了霍布斯的观点，认为强制性权力的建立是为了维护制度的稳定性，旨在消除人们对于他人是否遵循法律的怀疑。因此，这一强制性权力的存在意味着一整套与法律对应的惩罚机构。检察院、警察局、法庭、监狱等都是这一套惩罚机关不可或缺的组成部分。当然，在罗尔斯所构想的良序社会中，具体的惩罚手段并不一定会被实施。一方面，正义感是一种公共的知识，人们通过这种公共的知识就可以消除相互之间的怀疑；另一方面，拥有正义感的人们也会自觉地遵循正义的法律对人们提出的要求。罗尔斯论述道："在一个良序社会中，必需的刑法无疑是温和的，而且也许永远不会被使用。但即使这样，必需的刑法的存在仍然是人类生活的一个正常条件。"（p. 237）这就像对于一个自觉遵守各种校规的学生来说，真实的惩罚是不会施加到他身上的，学校的惩罚机制只起到一种威慑的作用。所以，有关强制权力和惩罚的理论属于"非理想理论"的内容，讨论的是当正义原则没有得到严格的遵循的情况下的制度问题。从这个意义上来说，理想理论是非理想理论的基础，"理想的理论要求把刑事制裁解释为一种维持稳定的手段，同时表明服从理论的这个部分应该怎样被设计"。（p. 212）

罗尔斯指出了建立制裁和惩罚机构的两个弊端：第一，维持这一机构运转的费用是由税收支付的。检察院、警察局、法庭、监狱等制裁机构都不是生产部门，其运行的资金来源于人们缴纳的税收。从这个意义上来说，制裁机构的存在加重了人们的负担。第二，制裁机构的存在会对人们的自由造成威胁，尤其是当这些机构错误地进行干涉的时候。所以，"只有当这些弊端比由于不稳定而丧失自由的弊端更小时，一个强制机构的建立才是理性的。"（p.211）罗尔斯认为，对于非理想理论中出现的各种道德困境，应依据自由的优先性的观点来考虑。人们接受一种不理想的安排（例如：制裁机构对人们自由的威胁），其理由只能来自自由原则本身。亦即，自由只能因自由的缘故而被限制。

四 公共部门与公共利益

制度建构的问题在很大程度上超出了哲学反思的范围，不仅与政治学、法学相关，还部分地涉及经济学的内容。尤其是对正义原则中差别原则的应用，与人们经济生活的关系极为密切。在讨论如何设计与第二条正义原则相一致的经济制度时，罗尔斯的讨论进入政治经济学的领域，但他并不打算深入讨论政治经济学的具体问题。罗尔斯对政治经济领域的探索仍然是其正义学说的延伸，关注的是政治经济学中的某些道德问题。

罗尔斯认为，一个社会的政治经济活动与公共部门及相关背景制度有着密切的联系。罗尔斯所说的背景制度指的是：税收制度、所有权制度以及市场结构等。对于公共部门，罗尔斯认为有两个重要的特征值得考察：第一，公共部门必须处理生产资料所有制的问题。在这个问题上，社会主义经济和私有制经济有很大的不同。在社会主义经济中，公共部门的规模要大得多；而在私有制经济中，公有的公司并不多，而且仅限于公共设施和交通运输等部门。（p.235）第二，公共部门的另一个特征还表现在用于公共利益的资源与总资源的比例方面。在罗尔斯看来，"用于生产公共利益的社会资源的比例"与"生产资料的公有制"是两个不同的问题。"一种私有制经济可能为公共目的分配很高比例的国民收入，而一个社会主义社会可能只分配少量的国民收入，反之亦然。"（p.239）换句话说，生产资料公有制程度越高并不一定意味着社会用于公共利益的资源的比例就越高。这是两个相互独立的问题。

罗尔斯对公共利益进行了深入的讨论。罗尔斯认为，"公共利益"具有两个特点：不可分性和公共性。罗尔斯将"保卫国家免受不正当入侵"当作公共利益的典型例子：所有人都平等地享有这种保护，这一利益是无法分割的。公共利益的特征决定了"必须通过政治过程而不是市场来安排公共利益的提供。公共物品的数量及其财政需求都要根据立法来确定"。（p.236）例如，对于为所有公民提供相同的保护来说，国防的规模、军费开支等都必须通过立法来确定，而不是完全由市场运营。类似的还有：警察局、法院、检察院的设立及其经费来源，公立医院、公立学校的设立及其经费来源，等等。另外，由于公共利益不可分，所以不需要对公共利益进行分配，用于分配的费用为零。从公共利益的两个特点——公共性和不可分性——中还派生出公共利益的其他相关特征：（1）对于公共利益，总是存在"搭便车者"的问题。由于每个人都无差别地享有一份公共利益，所以人们总有逃脱自己为公共利益应尽的一份责任的倾向。例如：逃兵役者、逃税者等。（2）公共利益的生产可能产生外部效应。公共利益的形成需要投入巨大的人力物力，还可能对环境造成负面影响，在制定相应的政策和法规时应该把这些因素考虑进去。罗尔斯认为，公共利益所包含的"搭便车"和"外部效应"这两个问题使得有必要由国家来组织和推行与公共利益相关的集体协议。一方面，没有相应的惩罚机构，市场机制很难根除"搭便车者"；另一方面，市场原则在组织生产时，也很难考虑到该生产可能带来的外部效应。例如，市场通常不会考虑由工业生产所带来的环境污染问题。

当然，相较于国家的公共部门，市场具有许多自身的优势。罗尔斯指出了自由市场的诸多优点：（1）效率。自由市场基于人们的自愿交换，而人们为什么愿意进行某项交换，是因为通过交换其福利水平会得到提升。因此每一次自愿的交换都将同时提升交易双方的利益，都是一次"帕累托优化"。从这个意义上来说，市场机制将完美地符合效率原则，是最有效率的资源配置机制。（2）市场与平等的自由以及公平机会的平等是相协调的。在自由市场中，人们对于职业和工作具有自由选择权；而且，市场体系分散了经济权力，人们可以依据自己的需要和市场价格等因素独立地做出自己的决定。（3）在市场经济中，价格机制具有很好的配置功能（allocative functions）和分配功能（distributive functions）。在这一点上，罗尔斯认为社会主义经济与私有制经济存在差异。"配置功能"指的是运用价格来提高经济效率；"分配功能"则更深一层，指的是价格直接决定着对个人贡献的回报。罗尔斯认为，在生产资料公有制的社会主义制度中，价格仅具有"配置功能"，而在私有制经济体系中价格则具有"分配功能"。举例来说，国有企业生产出来的产品其价格可能随市场而波动，这种波动使得资源能够得到更有效的利用，这属于价格的"配置功能"。同时，国有企业员工的工资却并不一定与其产品的市场价格直接相关，他们的工资很有可能是固定的。如果其产品的市场价格上涨，则盈余的部分是由国家获利；反之，亏损部分也由国家给予补贴。但是，对于私营企业来说，其产品的市场价格则直接与其员工的收入相关。因此，对于私营企业来说，价格机制不仅具有"配置功能"，还具有"分配功能"。值得注意的是，罗尔斯并不认为自由市场只能在私有制经济中发挥作用。在罗尔斯看来，"自由市场与生产资料的私人占有之间没有本质的联系。……自由市场与资产阶级的联系是历史的偶然，因为至少从理论上说，一个社会主义政权自身也能利用这种体系的优点"。（p. 240）① 总之，人们的经济生活与公共部门和市场机制息息相关。公共部门的运行旨在推进公共利益；而自由市场则在某种程度上将分配问题简化为一种程序正义。

五　政府的五个部门

罗尔斯认为，在一个由一部正义宪法调节的可保证平等的基本自由的社会基本结构中，政府部门有许多工作要做。例如，为维护公平机会的平等，"政府应通过补贴私立学校或者建立一种公立学校体系来保证具有类似天赋和动机的人都有平等的受教育、受培养的机会。同时，在经济活动和职业的自由选择中，政府也执行和保证机会均等的政策（例如：避免对较好的地位做出垄断性限制）"。（p. 243）再比如，为了维护差别原则，"政府应确保一种最低受惠值，这或者通过家庭津贴和对生病、失业的特别补助，或者较系统地通过收入分等补贴（一种所谓的负所得税，即对收入低于法定标准的家庭的政府补助）的方法来达到"。（p. 243）罗尔斯认为，可以依据政府的四种不同功能而将政府划分为四个部门：配置部门、稳定部门、转让部门和分配部门。②

第一，配置部门的主要任务是保证价格体系的有效竞争，并防止不合理的市场权力的形成。（p. 244）为了完成这个任务，政府可能需要制定相应的税收和补贴政策，或者修改所有权的范围和规定，以更正明显的低效率。在低效率的情况下，价格不能准确地调整社会的利益和成本，资源得不到最佳的配置。

---

① 考虑到罗尔斯写下这些观点的时候，中国还没有实行改革开放政策，还没有进行市场化改革，罗尔斯的判断可以被看作一个正确的预言。

② 罗尔斯强调，他对政府的四个部门的划分不同于对现实政治中政府的组织机构的描述。四个部门的划分依据的是从罗尔斯的正义学说中推断出的政府应具有的四种功能。

第二，稳定部门的任务是实现充分就业，"使想工作者均能找到工作，使职业的自由选择和财政调度得到强有力的有效需求的支持"。（p. 244）配置部门和稳定部门的协同作用将维持市场经济的总体效率。

第三，转让部门的职责在于确定最低受惠值，并通过相关政策措施补助收入处于该最低受惠值以下的社会成员。罗尔斯认为，政府在确定一个社会的最低受惠值时，必须把"需要"的内容考虑进来，并确定相应的社会背景下应达到的最低福利水平。"需要"向人们提出了不同于竞争性分配机制的要求。在自由市场中，"需要"并不构成给予人们回报的理由。罗尔斯认为，应该由政府的不同部门来考虑不同分配的理由。配置部门和稳定部门的职责在于保证市场竞争机制能够有效地运行，而转让部门则应充分考虑与"需要"相关的个人权利，确定最低的福利水平，并给予低于该福利水平的社会成员以相应的补助。

第四，分配部门的任务"是通过税收和对财产权的必要调整来维持分配份额的一种恰当正义"。（p. 245）罗尔斯认为，分配部门的任务是通过两条路径完成的。一方面是征收一系列遗产税和馈赠税；另一方面则是建构一个针对收入的税收体系。对于遗产税和馈赠税，罗尔斯认为，其目的并非提高财政收入，而是消除权力和财富的集中，以维持政治自由的公平价值和公平机会的平等。罗尔斯建议，可以将累进税原则运用于遗产受益人。在罗尔斯看来，遗产所造成的不平等与人们在天赋方面的不平等是类似的，只有当这种不平等使得社会中的最少受益者获益时，它才是正当的。另外，对于与收入相关的税收，罗尔斯建议一种"按比例的支出税"。罗尔斯认为，"支出税"比"所得税"更合理，"因为这种征税是按照一个人从物品的共同储存中用了多少，而非按照他的贡献多少而定的（这里假设收入是公平地挣到的）"。（p. 246）罗尔斯认为，分配部门在上述两个方面的功能分别对应正义的两条原则："对遗产和收入按照累进税率（当必要时）征税和对财产权力的法律限定都要保证民主的财产所有权制中的平等自由制度和它们所确立的权利的公平价值。按比例的支出税（或所得税）要为公共利益提供财政收入，转让部门要在教育等方面确立公平机会的平等，以此贯彻第一个正义原则"。（p. 247）

上述四个部门构成了一个完整的、两个正义原则所要求的法律和税收体系。然而，罗尔斯认为，还有一个问题悬而未决，这就是：公民是否可以决定进一步的财政支出？罗尔斯认为："如果足够多的公民发现公共利益的边际收益比通过市场可获得的边际收益大时，政府寻找一些方式来提供它们便是适当的。"（p. 249）例如，公共交通设施的建设。由此，罗尔斯构想了政府的第五个部门——交换部门："它由一个关注不同的社会利益及其对公共利益的偏爱的专门的有代表性的团体构成。它被宪法授权仅仅考虑一些有关独立于正义要求的政府活动的提案，而且，这些提案只有在人们对分担公共支出的手段达成一致的情况下，才能通过。"（pp. 249 - 250）也就是说，如果人们想以公共财产开展某项计划，只有当代表们对于其经费由谁出、以什么方式负担达成一致的情况下，该计划才可以付诸实施。罗尔斯指出，"交换部门"运行的基础是"利益"，而不是"正义原则"，这一点与其他四个部门都不相同。而且，在前述四个部门的建构中，运用到制度中的两个正义原则仅仅建立在一般信息的基础上，人们并不知道与自己有关的特殊利益。然而，对于"交换部门"的代表来说，他们是对公共利益和私人利益有相应评价的公民。因此，交换部门是在无知之幕完全开启的情况下建构的，"交换部门仅仅是一种贸易的安排，对信息没有限制"。（p. 250）罗尔斯认为，交换部门不是四个阶段序列中的一部分。

综上所述，通过四个阶段的制度建构以及政府各部门的分工合作，人们一步步走出原初状态，无知之幕逐步开启；与此同时，宪法、法律、法规、政策在两个正义原则的指导下逐步完善；自由市场、所有权制度和税收体系相互制约、协同作用；人们在正义感的召唤下遵守法律、平等地参与公共事务，并通过各种公共部门的设置而增进公共利益，为了更好的预期而决定储蓄和投资的比例……这大概就是罗尔斯所设想的通向乌托邦的现实之路。

第九讲
正义感与制度的稳定性

何谓正义感
政治制度的稳定性
正义感作为一种公共知识
自然义务与道德教育

正义感与制度的稳定性

正义感（sense of justice）是罗尔斯正义理论中的核心概念之一，它起到的作用是维持正义秩序的稳定性。在罗尔斯的论述中，拥有正义感的公民会有按照正义原则行动的欲望。而且，当其他公民破坏或不遵循正义原则时，富有正义感的公民会感到"愤慨"，希望这些规则的违反者受到相应的惩罚。可以说，正是得益于正义感的存在，罗尔斯的正义理论才不会成为空中楼阁，而是在人心之中有了坚实的基础。

一　何谓正义感

在罗尔斯的正义理论中，正义感指的是"运用正义原则，并按照正义原则即按照正义观点去行动的有效欲望"。（p.497）在罗尔斯看来，"正义感"是人们的一种道德情感，它与一个组织良好的社会的基本政治制度相辅相成。在一个良序社会中，人们会自然而然养成正义感，而正义感的存在又将维护一个社会的正义秩序。所谓良序社会，指的是："一个由公共的正义观念来调节的社会。"（p.398）罗尔斯论述道："当制度是正义时，那些参与这些社会安排的人们就获得一种相应的正义感和尽到他们自己的努力来维护这种制度的欲望。"（p.398）

罗尔斯认为，人们行为公正的愿望并不是对各种专断原则的盲目服从。一种道德原则必须激发人们的情感以及按照原则去行动的欲望，才可能真正发挥作用。罗尔斯在1963年发表的《正义感》一文中引述了卢梭在《爱弥儿》中对正义感的论述："正义感不单是由知性（understanding）形成的道德观念，而且是由理性启迪心灵的一种真实情感，是原始情感的自然的结果。"① 在罗尔斯看来，正义感正是这种由道德原则所引发的情感。对于道德原则如何进入人们的情感当中，罗尔斯认为有四个因素促成了道德与情感的结合：第一，道德原则指明了人们发展共同利益的方式，甚至直接指向幸福，这激发了人们维护正义原则的情感要求。第二，正义感与人类之爱②紧密联系在一起，是由同样的正义观所规定的。正义感是一种道德情操，而所有的道德情操都与人们之间的自然依恋有着紧密的联系。第三，持有特定正义观的人们对他人遭受的不公正和伤害感到义愤或有负罪感。罗尔斯举例说，如果A爱B，那么当A伤害了B时就会自责，或当他侵犯了B的合理要求时就会产生负罪感，或当C想否认B的权利时A就会感到愤怒。可以说，所有的道德情操在心理上都与爱的自然倾向紧密联系。（p.426）第四，根据康德的说法，按照正义原则而行动，是自由平等和有理性的存在物的本性。由此，正义感这种基于某种道德原则的情感在特定的正义观念下，建立起人们之间的友谊和纽带，成为秩序良好的政治共同体的稳固根基。

罗尔斯还从道德心理学的角度追溯了"正义感"的形成，从道德心理学的三条基本法则中推导出"正义感"：

---

① ［美］约翰·罗尔斯：《罗尔斯论文全集》，陈肖生等译，吉林出版集团有限责任公司2013年版，第111页。

② 正义感虽然和爱有着紧密的联系，但它们对人们提出的要求是不同的。罗尔斯具体阐述了正义感与爱的区别：爱是分外的，超出了道德要求的范围。而且，当爱的许多目标相互矛盾时，仁慈就不知所措了。正义感则以正义原则为基础，是在道德要求的范围内维护正义的欲望以及对于社会不正义的义愤。

第一法则：假如家庭制度通过关心孩子的善表现出它们对孩子的爱，那么，孩子一旦意识到对他的爱，他就会逐渐地爱它们。

第二法则：假如一个人以与第一法则相符合的方式获得了依恋关系，从而实现了他的友好情感能力，假如一种社会安排是正义的并且所有的人都知道它是正义的，那么，当他人带着显明的意图履行他们的义务和职责并实践他们的职位理想时，这个人就会在交往中发展同他人的友好情感和信任的联系。

第三法则：假如一个人以与第一、第二法则相符合的方式形成了依恋关系，从而实现了他的友好情感能力，假如一个社会制度是正义的并且所有人的人都知道它是正义的，那么，当这个人认识到他和他所关心的那些人都是这些社会安排的受惠者时，他就会获得相应的正义感。（pp. 429 – 430）

罗尔斯的上述推导告诉我们，第一，如果一个人在亲人的关怀和爱中长大，那他就能习得爱和同情的能力。同时，这个在家庭中被孩子爱戴的家长自然地充当了一种道德权威，其言传身教将使孩子养成相应的道德情操。当孩子违背了家长的教诲时就会产生负罪感。而且，即使没有惩罚，孩子也会按照家长所要求或期望的去做。罗尔斯将孩子在这一阶段形成的道德称为权威的道德（morality of authority）。第二，这种在亲人之爱基础上形成的道德在一种正义的社会安排中转变为对共同体中其他人的友好情感和信任。在道德形成的第二阶段，人们发展出一种适合于个人在不同交往中的角色的道德情操，以确保所有人都从这种交往活动中受益，而且确保所有人都知道他们正在从中受益。罗尔斯将第二阶段的道德称为社团的道德（morality of association）。第三，在确知为正义的社会制度中，对同胞的信任和友好情感转变为正义感。罗尔斯将第三阶段形成的道德称为原则的道德（morality of principles）。罗尔斯论述道："一旦产生了前面两条心理学法则相应的爱与信任、友情和互信的态度,我们和我们所关心的那些人们都会产生一种牢固而持久的正义制度的受益者这样一种认识,就会在我们身上产生出一种相应的正义感。"(pp. 414 – 415)

正义感作为一种道德情操,不仅其形成与父母之爱、友情和信任等自然情感有关,而且在正义感形成之后,也会引发相应的情感。当正义秩序被破坏,或者人们受到不正义行为的威胁时,即使这些不正义的行为并没有伤害行为者自身的利益,人们也同样会感到愤慨(resentment)和义愤(indignation)。罗尔斯区分了愤慨和义愤以及生气(anger)和恼怒(annoyance)这两组概念。在罗尔斯看来,愤慨和义愤是拥有正义感的人对于正义秩序的破坏者的反应。如果人们没有正义感,那么可能会生气或恼怒,但绝不会感到愤慨或义愤。道德与因道德而产生的情感是相辅相成的。这一点在罗尔斯所讨论的道德形成的三个阶段都是成立的:如果孩子没有形成权威的道德,就不会因违背了父母的教诲而有负罪感;如果人们没有在友情和互信中建立社团的道德,就不会因伤害了对方的利益而有负罪感;同样,如果人们没有形成遵守正义原则的道德,就不会在原则被恶意破坏时感到愤怒。罗尔斯论述道:"愤慨和义愤都是道德情感,愤慨是我们对其他人由于他们的不当举动使我们遭受损失和伤害时的反应。因此,愤慨和义愤要求的解释,都是一种涉及道德概念(比如说正义的概念)以及与这些概念相连的原则,并因此诉诸一种正当和错误的概念。为了体验到憎恨和义愤,人们就必须接受界定这些正当和错误的原则。"[①] 由此,罗尔斯认为缺乏正义感的人,必然也是缺乏父母之爱、友情、信任等人际关系的人,这样的人无法体会到负罪感、愤慨和义愤等因道德原则而引发的情感,不能被看作完整意义上的人。

罗尔斯指出,正义感内在于人性之中,是道德人的本质特征。

[①] [美]约翰·罗尔斯:《罗尔斯论文全集》,陈肖生等译,吉林出版集团有限责任公司2013年版,第128页。

罗尔斯认为，人们做正义的事的欲望并不是对任何专断的道德权威或道德原则的盲目服从，而是与人们自身的理性目标紧密相关的。罗尔斯将这称为"正义感的善"，也就是说，在一个良序社会中，人们遵循正义原则行事，这与个人生活的理性计划是一致的。罗尔斯反对将正义感的解释诉诸纯粹良心行为的学说。这种学说假设，人们的最高道德动机就是做那些自身就正当正义的事情，且因其正当而产生相应的欲望。同时，纯粹良心行为的学说还认为，人们的其他动机（例如追求幸福的动机）的道德价值低于做仅因其自身就是正当的事的动机。在罗尔斯看来，纯粹良心行为学说脱离了基本的心理学事实，对人们提出了过高的道德要求，是"英雄"或者"圣人"的处世原则，不适用于普通人组成的良序社会。在罗尔斯看来，正义感深深地扎根于"互惠"这一基本的心理学事实，是由人性的基本特征决定的。罗尔斯论述道：正义感"是一种互惠观念，一种以善报善的倾向。这种倾向是一个深刻的心理学事实。假如没有这种倾向，我们的本性就会变得非常不同，而富有成果的社会合作也会变得十分脆弱，假如不是变得不可能的话"。（p. 433）

在罗尔斯看来，正义感是道德人的两种基本能力之一。在罗尔斯的正义学说中，道德人有两个基本特征：第一，他们有能力持有一种关于他们的善的观念；第二，他们有能力持有一种正义感，一种通常有效地应用和实行正义原则的欲望。这两种能力也是人类区别于动物的根本特征。正义、平等、权利……这些价值观念之所以不像适用于人类那样应用于动物世界，正是因为道德人具有的这两种能力动物并不具备。在罗尔斯看来，一个人拥有形成正义感的能力，这就是"我们对他负有正义的责任的充分和必要条件"[1]。与此同时，正义感的获得还与人的理性能力息息相关。罗尔斯认为，

---

[1] ［美］约翰·罗尔斯：《罗尔斯论文全集》，陈肖生等译，吉林出版集团有限责任公司2013年版，第133页。

正义感的养成是一个不断学习的过程，罗尔斯论述道："要获得正义情感，一个人就必须发展一种对社会世界的，对什么是正义的和不正义的事情的观念。"（p. 434）这些并不是完全由心理学机制决定的，而是一个主动学习以及依据他人的目的而不断修正自己的理性生活计划的过程。在一个由正义原则调节的良序社会中，人们不断调整自己的理性计划以适应相应的伦理学标准，这样的道德学习的过程使得"人们把他们的正义感理解为他们的自然依恋的扩展，理解为实现集体的善的一个途径"。（p. 434）总之，在罗尔斯的正义学说中，正义感是人们想要依照正义原则而行事的欲望，这种道德情感是通过道德学习和理性反思而逐步养成的。

正义感这一概念在罗尔斯的正义学说中有两处重要的应用。一是在原初状态中，正义感作为一种公共的知识，在某种程度上决定了正义原则的内容。人们出于"承诺的强度"，不会同意签订那些自己认为遵守起来有困难的原则。二是在走出原初状态之后，正义感是正义原则得以遵循、正义秩序具有稳定性的必要条件。第一个方面的应用我们在第三讲"原初状态"中已经介绍过，下面我们具体分析第二方面的内容。

二 政治制度的稳定性

毋庸置疑，稳定性是政治制度的重要价值。如果一种政治制度不稳定，那么这一政治制度所规范的政治共同体就将陷入混乱，而政治共同体成员之间的合作竞争关系也将失去规则。在这样的情况下，人们可能会不择手段地追求自我利益最大化①，陷

---

① 人们在遵守规则的情形下追求自我利益最大化与在没有规则的情形下追求利益最大化是完全不同的。从理论上来说，前者会形成秩序良好的自由市场，而在后一种情形下人们将不择手段，杀人、放火、欺骗、偷盗……无恶不作，最终退回到自然状态。

入无穷无尽的自相残杀和相互拆台之中，而人类社会甚至有可能退回到所有人对所有人的战争状态。那么，一种政治制度稳定性的根基到底是什么？或者说，是什么使得某种政治制度所规范的政治共同体得以长治久安？人们为什么遵循某种政治制度所制定的规则？对于这个极为重要的政治哲学问题，罗尔斯和霍布斯的回答大相径庭。

罗尔斯注意到了自己与霍布斯在这个问题上的分歧。罗尔斯论述道："我曾指出，霍布斯把稳定性问题和政治责任问题联系起来。可以把霍布斯式的强制权力看作加在合作体系上的一种结构，这个合作体系失去这种结构就会不稳定。对强制权力之效力的普遍信仰消除两种不稳定性。现在，友谊和互信关系，以及对于一种共同的通常有效的正义感的公共认知，如何达到同样的结果已经一目了然。"（p. 435）从这段引文中我们可以看到，在霍布斯那里，政治制度之稳定性的根基在于凌驾于政治制度之上的强制权力；而罗尔斯则认为，政治制度之稳定性的根基在于处在这一制度之中的人们的"正义感"。

在罗尔斯对霍布斯的契约理论的解读中，人们能走出自相残杀、相互拆台的自然状态的关键在于解决两个问题："消除孤立"与"建立确信"。所谓"孤立"，指的是每个人都依据"自我利益最大化原则"孤立地进行选择，而选择的最终结果往往事与愿违——每个人的利益都受到损害。"囚徒困境"的模型是解释"孤立"问题的最好例子。在"孤立"的状态下，两个罪犯依据"自我利益最大化"原则，都会做出"认罪"的选择。这种选择是完全符合"个人理性"的，因为不论对方怎么选择，选择认罪都是最有利于自己的选择。然而，两个罪犯都选择"认罪"，并不是双方利益都得到最大化的"双赢"的选择，而是一种"双输"的选择。只有当两个罪犯能够跳出"孤立"决断的状态，有互相商量达成一致的机制，他们才可能做出真正"双赢"的选择，实现双方利益的最大化。

实质上，罗尔斯所说的"孤立"问题源于"个人理性"与"公共理性"之间的矛盾关系。一个经常被人们讨论的例子是：村民们共有一片山坡上的森林，为了每个人的利益，人们争先恐后地将树木砍伐卖钱。然而，这种孤立选择的最终结果却是：树木被过度砍伐、引发山体滑坡，给村民们造成重大的经济损失，甚至家园不保。"个人理性"追求个人利益，而"公共理性"追求公共利益。"个人利益"与"公共利益"之间的矛盾比比皆是；在霍布斯的契约理论中，强制权力的作用就在于将"个人理性"转化成"公共理性"，将孤立的"个人"整合成政治共同体的"公民"。正像《利维坦》著名的扉页图片所展示的那样，无数的小人组成一个巨大的人。所谓国家，就是"全体真正统一于唯一人格之中"[1]；而作为国家之基础的政治制度则是通过某种设计，为人们的自利行为设定规则，并以强制权力保证这一规则的有效性，使人们在考虑"个人利益"的同时能够增进公共利益。能够有效地做到这一点的制度就是好的制度，而做不到这一点的制度就是无效的、坏的制度。

在罗尔斯对霍布斯契约理论的解读中，某种政治制度得以确立的另一个关键点在于"确信"："（确信）的目的是要使合作双方确信共同的协议会被执行。任何人贡献的愿望都是依他人的贡献而定。"（p.238）举例来说，所有渔民都知道如果一直打鱼而没有休渔期的话，打到的鱼就会越来越小、越来越少。由此，渔民们约定一年中的某几个月为休渔期，然而这一协议能够得到实际执行并发挥效力的前提在于每个人都按照协议内容去做，而每个人都按照协议内容去做的前提则是每个人都"确信"其他人也都会按照协议

---

[1] ［英］托马斯·霍布斯：《利维坦》，黎思复、黎廷弼译，商务印书馆1985年版，第131页。

去做。否则的话，自己按照协议去做就是"不理性"的。不按照人们共同的协议去做的人，通常被称为"搭便车者"（free rider）。这样的人就像要坐公交车却不愿交车费的"逃票者"一样。对于这样的人来说，别人越是按照共同协议去做，他就越容易获利。如在"休渔期"的例子中，越多的人按照协议在某几个月中不打鱼，那么个别违反协议的"偷渔者"就能偷到越多的鱼。所以，罗尔斯认为："为了维持这样一个体系——从每个人的观点来看，这个体系是优越的，或者无论如何比缺少体系要好——中的公共依赖，某些罚款和刑罚的手段必须被确立。正是在此，一个有效率的专权者的存在，甚或对其效率的一般信赖本身，都具有一种关键的作用。"（p. 238）

霍布斯在《利维坦》中确实强调了强制权力对于形成政治共同体以及保持政治共同体稳定性的重要作用。在阐述国家的形成时，霍布斯论述道："根据国家中每一个人授权，他（主权者）就能运用托付给他的权力和力量，通过其威慑组织大家的意志，对内谋求和平，对外互相帮助抵御外敌。"[1] 霍布斯也进一步阐述了强制权力在"建立确信"以及保证人们的共同协议的有效实行中的作用："信约本身只是空洞的言辞，除开从公众的武力中得到的力量外就没有任何力量来约束、遏制、强制或保护任何人；所谓从公众的武力中得到的力量，指的是从具有主权的一个人或一群人组成的不受束缚的集体的手中取得的力量。"[2] 由此看来，罗尔斯对霍布斯关于政治制度之稳定性的解读是准确的。

根据罗尔斯对霍布斯的解读，在人们走出自然状态、结成

---

[1] ［英］托马斯·霍布斯：《利维坦》，黎思复、黎廷弼译，商务印书馆1985年版，第132页。
[2] ［英］托马斯·霍布斯：《利维坦》，黎思复、黎廷弼译，商务印书馆1985年版，第135页。

政治共同体的过程中，必须要消除"孤立"的个人选择，并建立对他人遵守规则的"确信"。在霍布斯的理论中，这两者都离不开一种合法的强制权力的存在。换句话说，一种政治制度的产生和存在都依赖于凌驾其上的强制权力。无论强制权力的来源为何，这一权力的存在与秩序和制度的存在是同一的。在霍布斯看来，即使是绝对的专治，也比没有强制权力、人们自相残杀的自然状态要好。然而，罗尔斯在其正义理论中对霍布斯的这一观点提出了质疑，并且引入了"正义感"这一概念，试图取代强制权力的重要位置，为政治制度的稳定性寻找更为牢固的根基。

三 正义感作为一种公共知识

罗尔斯认为，一种社会制度必须形成一种自我支持的力量，而这种力量就来自其社会成员的正义感。那么，社会成员所拥有的正义感是如何支持一种社会制度的呢？换句话说，脱离了强制权力，正义感是如何解决"消除孤立"和"建立确信"这两个问题的呢？

罗尔斯认为，正义感植根于人们的自然情感之中，是人们理性计划的一部分，这使得正义感能很好地解决"孤立"的问题。用罗尔斯的话来说，"被一般化了的囚徒二难推理的危险被正当和善的契合消除了"。（p. 505）也就是说，人们在追求个人生活之善的同时也就满足了正当的要求，也就同时遵循了正义原则。正义原则的要求和个人的理性选择是一致的，"搭便车者"的行为非但不能增进自身利益，甚至是非理性的。

罗尔斯举出了三点理由论证遵循正义原则为何是个人理性计划的一部分。第一，在一个良序社会中，"搭便车者"必须进行系统的伪装并付出巨大的心理上的代价。"他必须采取预防手段，必须保持他的姿态，必须忍受由此带来的自发性和本能方面的损失。"

（p. 499）在制度并不完善的社会中，"制度的非正义和司空见惯的其他人的龌龊行为是一个人的欺骗尚可容忍"（p. 499），然而在一个良序社会中，"搭便车者"就必然承受巨大的心理压力。考虑到拥有正义感的人们对于"搭便车者"会表现出巨大的愤慨和义愤，并且希望其行为受到相应的惩罚，"搭便车"的行为确实可能付出巨大的代价。因此，即使是出于"自我利益"的考虑，人们也更愿意遵循正义原则而不是"搭便车"。第二，罗尔斯指出："依据亚里士多德原则（及其伴随效果），在一个良序社会中生活是一种极大的善。"（p. 500）如前所述，所谓"亚里士多德原则"指的是：在其他条件相同的情况下，人们的潜能越能得到发挥，人们将越快乐。在两件能做得同样好的活动中，人们更愿选择更复杂、更精细的活动。罗尔斯认为，良序社会是一个由各种社团组成的社会联合，人们在各种社团中发展自己各方面的潜力，并达到更高的水平，这是人们幸福和快乐的来源。而且，"当周围的人都取得成功时，每一个人都享受着共同活动的更大的丰富性和差异性"（p. 500），这种各种社团的联合使得人们的生活更有价值。因此，即使为了自身幸福的考虑，人们也愿意遵循维护社会联合的正义秩序。第三，罗尔斯援引了康德的观点，指出按照正义原则行动是自由平等的理性存在物愿意去做的。罗尔斯论述道："对正义行为的欲望和表达是我们作为自由的道德人的本性的欲望，在实践的意义上其实说的是同一个欲望。……它们都是按照完全相同的原则，亦即，在原初状态人们乐于选择的原则，去行动的倾向。"（p. 501）在罗尔斯看来，只要人们拥有真实的信念，那么作为自由而平等的道德人，就会依据在原初状态中选定的正义原则而行动。正义感与人们的理性动机是一致的。基于上述三点理由，罗尔斯认为正义感与人们的理性欲望是一致的，个人的理性选择与公共理性是一致的。

对于"建立确信"的问题，罗尔斯将正义感与公共的知识

（public recognition）① 结合起来讨论。罗尔斯认为，当正义感成为一种公共的知识，人们就会自觉地按照正义原则的要求去做。也就是说，当社会中的每个人都有正义感，而且每个人都知道其他人也有正义感；同时，每个人都知道其他人知道自己拥有正义感；此时，人们就会按照正义原则所要求的去做。简单来说，当人们清楚地知道，其他人都会遵守正义原则时，人们将更愿意遵守正义原则。相反，如果人们并不知道其他人是否会遵守正义原则（亦即，其他人是否有正义感），那么人们就会怀疑、犹豫自己是否要按照正义原则的要求去行动。正是基于这一推理，罗尔斯认为，如果正义感能成为一种公共知识，就能有效地建立人们之间的"确信"，而这将给社会带来巨大的益处。罗尔斯论述道："在一个良序社会中，'公民一般都具有一种有效的正义感'这一公共认识，是一笔巨大的社会财富，它有助于稳定正义的社会安排。"（p. 295）

当然，罗尔斯也注意到，在现实社会总有因素会干扰人们按照正义原则的要求去行事。有一些人甚至专门钻规则的空子，以实现自身利益的最大化。罗尔斯总结了引发正义秩序不稳定的两大因素：一是从自我利益的观点来看，每个人都想减少他的分配责任；二是对别人的忠诚的担忧。（p. 296）这两种因素会带来正义秩序的两种不稳定性。第一种因素表明，即使人们确信其他人都会遵守正义原则，确信其他人会负担自己在正义的社会分配中应尽的一份责任，也可能有人想要逃避自己的那一份责任。例如：税收，虽然人们知道其他人都会缴纳税收，而且税收最终被用于增进公共利益；但总有一些社会成员认为，缴纳税收并不能增进自身的利益，所以还是想要逃避税收。逃税者就是公共秩序中的"搭便车者"。

---

① 罗尔斯在《正义论》中使用了 publicly known、public recognition 等说法来表述"公共的知识"的概念。这一概念在中文版第一版中被翻译为"公开的知识"，在中文版第二版中被翻译为"公共的知识"。

"搭便车者"的存在会大大破坏正义秩序的稳定,使得正义感不再是人们之间达成共识的"公共知识"。因此,第一种不稳定性又会引发第二种不稳定性。如果"搭便车者"达到一定的数量,人们就会开始怀疑其他人对于正义原则的忠诚,而这将从根本上瓦解一种正义秩序及其相应的社会制度。

值得注意的是,罗尔斯在讨论正义感的时候并没有诉诸正义原则的内容。对正义感的讨论是纯粹形式的,亦即正义感的相关特征适用于任何正义原则。在这个问题上,罗尔斯比较了"作为公平的正义"与功利主义的正义观之间的稳定性的问题,并得出结论,作为公平的正义较之功利主义的正义观是更加稳定的。也就是说,在一个由功利主义的正义观所主导的良序社会中,人们的正义感更容易受到上述两种因素的干扰,更容易产生不稳定性。功利主义的正义秩序是更不稳定的。罗尔斯总结道:"一个正义观念,假如它倾向于产生的正义感较之另一个正义观念更强烈,更能制服破坏性倾向,并且他所容许的制度产生更弱的做不正义的事的冲动和诱惑,它就比后者具有更大的稳定性。一个观念的稳定性依赖于各种动机之间的平衡:它培育的正义感和它鼓励的目标必须在正常情况下能胜过不正义的倾向。"(p.398)也就是说,当一种正义观念所培养的正义感大得足以抵御违反规则的诱惑时,一个正义体系就是稳定的,而在罗尔斯看来,人们在原初状态中所选定的两个正义原则正是这样的正义观念。

四 自然义务与道德教育

正义感作为一种公共的知识具有极大的价值,这种价值是对所有社会成员来说都有益的。在一个良序社会中,正义感不仅是一种道德情操,也是正义秩序施加给人们的一种道德义务。罗尔斯在与"职责"(obligation)相对的意义上讨论"自然义务"(natural duties)。在罗尔斯的正义学说中,"职责"指的是公平原则对人们的道德要求,"自然义务"则是任何良序社会的成员都负有的道德义务。职责与特定的政治制度相关,只有当人们自愿接受某种政治制度的安排,才负有相应的职责。然而,"自然义务"却是无条件的,与人们是否自愿接受某种制度安排无关。① 罗尔斯认为,在一个良序社会中,人们主要负有三种自然义务:支持和发展正义制度的义务、相互尊重的义务以及相互帮助的义务。罗尔斯认为,不仅正义感作为公共的知识具有极高的价值;而且,如果人们对其他道德义务的履行能成为一种公共的知识的话,对于每一个社会成员来说也将是一笔巨大的财富。以"相互帮助"这一自然义务为例:社会中每个人都知道,如果自己陷入困境,就会在某种程度上得到他人的帮助,这将极大地推进社会成员的幸福感,对于每一个生活在该共同体中的成员都是一笔宝贵的财富。类似地,"相互尊重"的自然义务作为一种公共知识,将极大地增进社会成员的自尊和自信。

在罗尔斯看来,道德情操的形成是一个教育和学习的过程。但是,道德教育并不是社会中的道德权威基于某种心理学的因果规律而设置的装置,通过它人们就必然会生成某种道德情操。在道德教育的问题上,罗尔斯赞同康德的观点,道德必然与人们的自由联系在一起。任何道德行为,都是人们自由选择的结果。因此,道德情操以及人们对道德原则的遵循并不是强制的结果,而是一种"自律"行为。所谓自律行为,就是"人们按照他们在最好地表达着他们作为自由平等的理性存在物的本性的条件下将会承认的那些原则而行动"。(p. 452)道德教育的目的就是教人"自律"。罗尔斯认为,通过某种适当的道德教育,人们会认识到特定的道德原则(例如两个正义原则)实际上是平等而自由的道德人在公平条件下

---

① 关于"职责"和"义务"的区别,参见本书第七讲第五部分"应用于个人的正当原则"。

所接受的，并且会主动依照这样的原则去行动。在这种契约论的解释中，自由的概念和客观性的概念是一致的，并不存在选择的自由与客观规律之间的矛盾。人们自由选择的正是具有客观性的道德原则，是平等而自由的道德人在公平环境下协商制定的道德原则。用罗尔斯的话来说，"借助于原初状态，自律和客观性的特征以一种一致的方式得到说明"。（p.453）总之，在一个正义原则得到普遍遵循的良序社会中，人们并非没有自由，而是说自由与对原则的遵循是一致的。所谓道德自律，正是人们通过自己的理性反思（反思平衡），认同并接受了从原初状态中推导出来的道德原则（亦即两个正义原则），并且以这样的原则来约束自己的行为。

综上所述，正义感在罗尔斯的正义学说中起着稳定正义秩序的作用。正义感能从两方面消除正义制度的不稳定性：一方面，正义感能够很好地帮助人们协调个人目的和公共善之间的矛盾；另一方面，当正义感成为一种公共的知识，人们之间将在正义原则被遵循的问题上建立相互信任的关系。正义感是一种道德情操，其形成过程依据道德心理学的相关法则。但是，道德情操的养成并不是一个被因果规律决定的过程，而是一个自主学习的过程。通过道德教育和道德学习，人们将认同那些作为自由而平等的理性存在公平的条件下选择的道德原则，并自觉地遵循这些原则。最终，拥有正义感的人们的自律行为使得正义原则能够得到普遍的遵循，正义制度在社会现实中得到有效的维护。

第十讲
非理想理论

理想理论与非理想理论
服从不正义法律的义务
公民不服从的宪法理论
良心拒绝及其证明

非理想理论

前述各讲讨论的是正义原则如何推导、证明以及如何依据正义原则来设计正义制度的理论问题。罗尔斯将这些内容称为正义学说的理想理论。罗尔斯构建理想理论的背景是一个人们严格遵循正义原则的良序社会。然而，现实的人类社会显然不是严格遵循正义原则的。在现实的政治社会中，可能存在偏离正义原则的政治过程、法律和政策；同时，人们的行为也不可能完全遵循正义原则，违法、惩罚、抗议、不服从、武装反抗……都是政治社会可能出现的现象。那么，对于这些构成人们政治生活主要内容的政治问题，罗尔斯是如何处理的呢？罗尔斯构想了一种"接近正义的状态"（State of Near Justice），这是一个更接近现实的社会模型。在这样的社会中，法律和政策有可能偏离正义原则，但正义观念仍然对政治程序和人们的行为发挥着决定性的作用。在"接近正义的状态"中人们有什么样的权利和义务？应如何努力构建一个正义的政治秩序？这些是正义的非理想理论所要讨论的内容。

一 理想理论与非理想理论

罗尔斯的正义学说包括理想理论（Idea theory）和非理想理论（Nonideal theory）两个部分。其中，理想理论部分讨论的是人们如何在原初状态中选择出恰当的正义原则,并通过制宪会议和立法阶段一步步构建出一个完全正义的秩序体系。在如此建构的政治体系中,人们将严格服从正义的法律和政策。严格服从(Strict compliance)是理想理论的特征。罗尔斯认为,这种"严格服从"是从原初状态中推导出来的:"两个正义原则是在假定正义原则会被普遍服从的基础上被选择的。"(p. 215)因此,依据正义原则而建构的宪法、法律和政策都将得到人们的严格服从。服从正义的制度安排是人们的义务和职责。

适用于个人的自然义务和公平原则要求人们服从正义的法律和相关制度安排。其中,自然义务向人们提出相关的道德要求,而公平原则使人们负有相应的职责。罗尔斯认为,自然义务要求人们支持和发展正义制度的义务。具体来说,当人们生活在正义制度之中的时候,每个人要为维护正义的制度尽一份职责;当正义制度不存在的时候,人们应在力所能及的范围内努力帮助建立正义制度。不仅自然义务要求人们维护正义的制度,而且公平原则也向人们提出了遵守正义制度的要求。公平原则认为:"如果一个制度是正义的或公平的,亦即满足了两个正义原则,那么每当一个人自愿地接受该制度给予的好处或利用了它所提供的机会来促进自己的利益时,他就要承担职责来做这个制度的规范所规定的一份工作。"(p. 301)罗尔斯从"承诺"这一道德行为中寻找公平原则的道德力量。简单来说,由于人们在原初状态中选择了正义原则,做出了要遵循正义原则的允诺;所以,当正义的制度建构成功之后,人们有责任按照正义的法律和政策所要求的方式去行为。值得注意的是,罗尔斯认为,"默认甚至同意明显的不正义制度不会产生职责",因为"不正义的社会安排本身就是一种强迫,甚至是一种暴力。对他们的同意并不具有约束力"。(p. 302)

与理想理论相对,非理想理论部分讨论的是偏离理想状态的情况。这个部分考虑的是:"正义的理想观念是怎样被运用到不正的情形中。"（p. 309）在制度并非完全正义的情况下，人们并非必须服从所有的法律和法规，存在部分服从的情况。"部分服从"是非理想理论的特征。非理想理论"包括惩罚理论和补偿性正义、正义战争和良心拒绝、公民不服从和军事抵抗及其他理论"。（p. 309）在罗尔斯看来，这些主题恰恰是政治生活的中心问题。但是，"作为公平的正义"的理论重点是理想理论与严格服从的情况，非理想理论是理想理论的延伸，理想理论是非理想理论的基础。罗尔斯在非理想理论中考察的是正义观念如何在"接近正义"的状态中发挥作用，如何纠正现实社会对理想社会的偏离。

在非理想理论中，罗尔斯提及的部分服从的政治行为有：合法抗议、旨在提出试验性案件的违法行为、公民不服从、良心拒绝、好斗行为、有组织的武力抗拒等。这些政治行为对非正义制度的反抗程度依次加强。在这些行为当中，罗尔斯选取了公民不服从和良心拒绝这两种行为进行分析。在讨论这两种不服从法律的抗议行为之前，罗尔斯还对人们服从不正义法律的义务进行了讨论。

二 服从不正义法律的义务

在一个理想的正义社会中，公民有义务服从通过正义宪法所制定的法律和政策，这一点没有任何疑义。关键的问题是，在一个并非完全正义的社会中，人们是否应该服从并非完全正义的法律？用罗尔斯的话来说，"在什么环境下在多大程度上我们要服从不正义的安排？"（p. 308）为了回答这个问题，罗尔斯构想了一种"接近正义的状态"："其中的社会基本结构是接近正义的（这个社会基本结构对在这种环境中的合理期望给予适当的补贴）。"（p. 309）罗尔斯认为，并不是对所有不正义的法律人们都不应该服从，"只要不正义法律不超出某种界限，我们就要承认它们具有约束力"。（p. 308）换句话说，一条法律的不正义并不构成人们不服从的充足理由,在"接近正义的状态"中,人们有义务服从不正义的法律。

罗尔斯首先肯定了现存的制度安排有可能是不正义的,这分为两种情况:"一是现存安排可能在不同程度上或多或少偏离公认的正义标准;二是这些安排可能符合一个社会的正义观,或符合统治阶级的正义观,但这种观念自身可能是不合理的,并且在许多方面是明显不正义的。"(p.309)也就是说,在接近正义的社会中,政府颁布的法律和政策有可能偏离了大多数人共享的正义观念;也有可能只反映了统治阶层的正义观念,而无法得到其他人的认同。

罗尔斯认为,在一种接近正义的状态中,"假设在那里有一个多少满足了两个正义原则的可行的宪法制度",人们通常有一种"不仅服从正义的法律,也服从不正义法律的义务"。(p.310)其原因在于:从根本上来说,正义宪法只能是一种不完善的程序正义。我们可以这样来理解人们所负有的"服从不正义法律"的义务:如果在一个社会中,宪法满足了两个正义原则;而这种满足了正义原则的宪法依然是一个不完善的政治程序,人们无法保证通过宪法所规定的程序就一定能制定出正义的法律;在这样的情况下,即使依据宪法而制定的法律存在不正义的安排,人们仍然有义务遵循这种不正义的法律。

在罗尔斯看来,虽然人们在制宪会议中会竭尽全力寻找一种最可能产生正义而有效的立法的宪法,但是"任何可行的政治过程都不能保证按照它制定的法律将是正义的"。这是因为,立宪过程不得不依赖多数裁决原则,"但多数人(或几个少数的联合)还是肯定要犯错误的,这或者是由于缺乏知识和判断力,或者是由于偏狭和自利的观点"。(p.311)这里的推理就是:既然完美的立法过程是不可期的,那么在政治现实中人们就自然负有服从不正义法律和政策的义务,"至少不运用非法手段来反对它们"。(p.311)而这种义务实际上就是服从"合法多数"的义务。这就如同"考试制度"是一种不完善的程序正义,但每个参加考试的人仍然必须遵守考试的规则一样。最后,罗尔斯得出一个看似有些自相矛盾的结论:"在一个接近正义的状态里,我们通常根据那个支持正义宪法的义务而具有遵守不正义的法律的义务。"

当然,罗尔斯并不认为人们负有服从**任何**不正义的法律的义务,他对人们接受不正义法律的条件进行了规定,这就是:"承受不正义的负担应该或多或少是平均地分配给不同社会群体的,并且在任何特殊情况下,不正义政策所造成的困苦都不应太重。"(p. 312)在罗尔斯看来,如果一种不正义的法律让社会中某个弱势群体持续地遭受不正义之苦,那么这样的法律一定默许了对基本自由的侵犯,其相应的立法过程也不可能符合两个正义原则,尤其是"平等的自由"原则。举例说明,如果人们制定出一条限制女性外出工作的法律,那么这条法律的订立过程多半没有满足罗尔斯所说的"参与原则",或许没有足够的女性代表参与到法律的制定当中,或许那些支持女性外出工作的意见没有被听到。根据罗尔斯的观点,对于类似这样的不正义法律,人们并不负有服从的义务。

通过讨论人们服从不正义法律的义务,罗尔斯总结出人们负有的另一项自然义务:"不把社会安排的缺陷当作一种不遵守它们的现成借口,也不利用规则中不可避免的漏洞来促进自己的利益。"(p. 312)宪法所规定的立法程序是一种不完善的政治程序,这是人类生活的局限,人们必须承认这种限制并在这种限制之中建立起有益的合作关系。否则,人们之间就会失去信任,政治秩序的根基就会动摇。因此,如果不正义的负担是平等分摊的,法律的不正义被控制在一定的范围之内(即立法程序符合正义原则),而且不正义的政策造成的困苦并不太重,那么人们就没有理由不服从。

罗尔斯对"公民服从不正义法律之义务"的论证让我们想起两千多年前发生在古希腊雅典的一个著名案件:苏格拉底之死。从某种意义上来说,雅典城邦判处苏格拉底死刑的法律判决可能是不正义的，至少不符合苏格拉底的正义观。但是，苏格拉底在有机会逃脱的情况下，仍然选择服从法律的判决，服从多数人的意志，即使对这种不正义判决的服从让他付出了生命的代价。这是否符合罗尔斯所说的，公民应尽的服从不正义法律的义务？苏格拉底为什么要服从不正义的法律，这些问题都值得我们进一步探讨。

三　公民不服从的宪法理论

如果我们在"非理想"的方向上继续滑行，就一定会遭遇不正义程度更高的法律。对于那样的法律，人们将不再负有服从的义务。在罗尔斯看来，在某些条件下对于某些偏离了正义原则的法律，人们拥有不服从的权利。这就是罗尔斯所说的公民不服从（civil disobedience）。罗尔斯认为，在一个接近正义的社会中，对于一个施行民主制度并且拥有法治秩序的社会来说，公民负有抵制不正义的义务。这使得他们可以在法律严重偏离正义原则的情况下，不服从合法多数制定的法律。

在罗尔斯看来，公民不服从虽然是一种法外行为，但却是完整的宪法体系的一部分。而且，公民不服从对宪法体系的改进和发展发挥着重要作用。因此，一部完备的宪法应当包含公民不服从的部分，应该对"公民不服从"做出相应的理论建构。在罗尔斯看来，一种"公民不服从"的宪法理论包括三个部分：第一，这种宪法理论应对公民不服从进行定义，并将其与其他抗议行为区分开来。第二，宪法理论应该对公民不服从在何种条件下是正当的进行规定。第三，宪法理论应说明公民不服从在一个法治的自由社会中所发挥的作用。下面，我们分别讨论这三方面的内容。

第一，罗尔斯对公民不服从进行了定义："一种公开的、非暴力的、既是良心的又是政治性的对抗法律的行为，其目的通常是为了使政府的法律或政策发生一种改变。"（p.320）为了区分公民不服从与其他抗议行为，罗尔斯还对"公民不服从"做出了进一步的解释：（1）公民不服从并不要求人们违反那个正遭到抗议的法律。罗尔斯认为，人们可能以间接或直接两种方式来表达对相关法律的不服从。一种是直接违反法律的方式，例如：不服从某项有争议的交通规则。另一种是通过抗议相关法令的颁布而间接地不服从。例如：对于一些涉及外国公民的入境法令，国内的公民无法直接违反，但仍可以抗议其颁布。（2）公民不服从被看作违反法律的行为，但对于反抗者的行为是否合法的问题存在不确定性。这是因为，最高法院最终可能宣布人们反对的法律或政策是不合法的。（3）公民不服从是一种政治行为，"这不仅因为它是向那些拥有政治权力的多数提出的，而且因为它是由一些政治原则、即用来规定宪法和一般社会制度的正义原则所指导和证明的行动"。（p. 321）当人们不服从或抗议相关法律时，其理由不能是任何个人或者集团的利益，也不应是个人的道德原则或宗教信仰。公民不服从的基础只能是那个构成政治秩序基础的人们所共有的正义观。正是由于多数决定的法律或政策持续地、有意识地侵犯这个公共的正义观，少数派才有权利通过参与公民不服从活动迫使多数人改变其决定。（4）与任何一种秘密颠覆政权的政治活动不同，公民不服从通常以公开演讲、公开抗议等方式进行。用罗尔斯的话来说，"公民不服从是一个公开的行为。它不仅诉诸于公开原则，而且公开地进行这一活动。……公民不服从是一种发生在公众讲坛上的、表述深刻的和认真的政治信念的正式请愿"。（p. 321）（5）公民不服从是和平的。公民不服从并不以暴力的方式进行，侮辱和伤害他人的行为与和平的请愿形式是不相容的。"公民不服从是在表达真诚的和深刻执着的信念；虽然它可能警告和劝喻，但它自身不是一种威胁。"（p. 322）

在罗尔斯看来，公民不服从行为是处在法律边缘的行为。虽然抗议者可能冒犯了相关的法律，但是他们的行动是公开的、和平的、基于公开的正义观念的。这种完全公开的非暴力行为足以向其他人展示不服从者在政治上的真诚,不会动摇人们之间的信任关系;因此,也就不会对正义的政治秩序造成根本性的破坏。罗尔斯论述道:"公民不服从是在忠诚于法律的范围内(虽然在外围的边缘上)表达对法律的不服从。虽然反抗者侵犯了某个法律,但是这个行动的公开的、和平的性质和一种承担行动的合法结果的意愿表达了对法律的忠诚。"(p. 322)

在罗尔斯所列举的抗议行为中,公民不服从的抗议强度处于"提出试验性案件"与"好斗行为"之间。"提出试验性案件"指的是:"拿一个可能发生纠纷的事情作为案件向法院起诉,以便试验法院如何处理,为将来实际发生纠纷时提供处理标准。"[①] 与公民不服从不同,这种抗议形式是通过向法院提出一个可能发生的案例来测试新颁布的法律。另外,"好斗行为"(Militant Action)与公民不服从的根本区别在于:公民不服从是一种忠诚于法律的和平行为,而"好斗行为"则是与相关法律更为对立的、诉诸暴力的行为。好斗行为在更深刻的意义上反抗现行的政治制度,"他可能不承认现存的政治制度是一个接近正义或合理的政治制度;他相信,现存制度或者大大偏离了他所信奉的原则,或者完全是在追求一个错误的正义观"。(p. 322)好斗行为并非诉诸公共的正义观,而且,好斗者并不准备承担其行为所引发的法律后果。因为,他并不承认对其进行制裁的法律及宪法的合法性。罗尔斯并没有深入讨论"好斗行为",这种行为虽然有可能是正当的,但那种情况已经大大偏离了罗尔斯所设定的"接近正义"的社会。

第二,对于公民不服从在何种条件下是正当的,罗尔斯把讨论限制在一个国家对内的制度上,并做出了细致的规定。首先,关于

---

① 转引自〔美〕约翰·罗尔斯《正义论(修订版)》,何怀宏、何包钢、廖申白译,中国社会科学出版社2009年版,第285页。

公民不服从之对象的错误，罗尔斯认为："在其他条件均等的情况下，公民不服从的对象应限制于实质性的和明显的不正义的情形，尤其是那些阻碍清除其他不正义的情形。"（p.326）具体来说，公民不服从的对象限于严重违反了正义的第一条原则（平等的自由）或者第二条正义原则的第二部分（公平机会的平等）的法律或政策。罗尔斯如此限制的部分原因在于，对于差别原则的违反常常是不清晰的。而且人们在做出与差别原则相关的判断时，很难抑制自身利益的影响。例如：对于税收政策，罗尔斯认为除非某项税收政策明显地违反了基本的平等自由，否则人们就不应该应用公民不服从来反对征税。因为，对于某项税收政策是否最终有利于社会中的最小受惠者的问题，人们很难做出准确而不掺杂私利的判断。罗尔斯举出了一些适用于公民不服从的具体案例："某些少数被剥夺了选举权、参政权、财产权和迁徙权时，或者当某些宗教团体受压制且另一些宗教团体被否认各种机会时，这些不正义对所有人都是明显的。"（p.327）

其次，罗尔斯认为，在应用公民不服从之前，人们必须确认"对政治多数的正常呼吁已经真诚地做过了，但是没有取得效果"。（p.327）在罗尔斯看来，人们应该尽量采用合法的手段进行抗议，只有在所有真诚的合法抗议都无法打动态度冷漠的多数的情况下，才能合理地应用公民不服从。当然，在一些极端情况下人们可能必须直接采用公民不服从的方式进行抗议。罗尔斯讨论了这样的例外情况："如果立法机构要制定某种严重侵犯平等自由的法令（比方说，禁止一个微弱的、无力自卫的少数的宗教），那么我们就确实不能要求通过正常的政治程序来反对这个法令。"（p.328）

最后，罗尔斯还讨论了一种较为复杂的情况：在许多少数群体都有正当理由应用公民不服从的情况下，如果这些少数群体都应用了公民不服从，"严重的无秩序状态就可能发生，这可能会大大破坏正义宪法的效率"。（p.328）因此，罗尔斯认为，在这种情况下对人们参与公民不服从要有一定的限制，即"这种反抗不能破坏对法律和宪法的尊重，不能产生对所有人来说都是不幸的后果"。（p. 328）罗尔斯认为，一种理想的解决方案应该是："一个由若干少数构成的合作的政治联合体来调节反抗的总体水平。"（p. 328）当每个少数团体都有平等的权利应用公民不服从时，这个政治联合体可以从中协调，以某种轮流或抽签的办法让不同的少数团体进行公民不服从的抗议活动；与此同时，控制他们抗议的总体水平，使其不至于对法律和宪法造成致命的伤害。

罗尔斯认为，在上述三个条件的限制下，人们有以不服从法律的方式进行抗议的权利。亦即，"一个人所抗议的不正义是对平等公民的自由或机会均等原则的一种明显侵犯；这种侵犯是在一段较长的时间内、不顾正常的政治反对而或多或少进行策划的。"（pp. 329–330）另外，人们在应用公民不服从进行抗议时，还应该考虑对第三方可能造成的伤害，要考虑到可能对旁观者或无辜者造成的影响。

第三，关于公民不服从在宪法制度中的作用，罗尔斯认为其核心作用在于提高宪政体系的稳定性。公民不服从是在忠于法律的范围内反对不正义，它有助于防止法律偏离于公共的正义观念，使这种偏离不至于严重到引发正义秩序的崩塌。允许正当的公民不服从是对"不正义"的纠正，如果禁止公民不服从，那么就是否认对某些少数群体的正义，也就是拒绝将他们看作平等的社会成员。因此，公民不服从符合两个正义原则，这种抗议活动"通过提高人们的自尊和他们之间的相互尊重来促进全社会的正义"。（p. 336）当人们的基本自由受到侵犯的时候，公民不服从能更好地保障人们的自由。基于上述理由，罗尔斯认为，在原初状态中，各方会采纳公民不服从并将其作为这样一种方法："在忠于法律的范围之内，它确立了一种维持正义宪法稳定性的最终手段。"（p. 337）

罗尔斯还讨论了一种可能的反对意见：人们持有不同的正义观，公民不服从很难基于共同的正义观，如果每个人都基于自己的正义观或者自己对正义原则的解释而主张公民不服从，那么整个政治共同体将陷入无政府状态。对于这一质疑，罗尔斯提出了一种"重叠共识"（overlapping consensus）的观点。罗尔斯论述道："一些被承认的正义观的重叠部分足以证明公民不服从是一种合理的、谨慎的政治抵抗形式。"（p. 340）也就是说，人们或许没有完全一致的正义观，但是人们的正义观有共通的部分，这一部分就足以证明公民不服从是一种正当的抗议形式。因此，"只要在公民的正义观中有一种充分有效的一致性，并且诉诸公民不服从的条件受到尊重，我们就不会又出现无政府状态的危险"。（p. 342）对于这里提到的"重叠共识"的概念，罗尔斯在其另一部重要著作《政治自由主义》中进行了更为深入的讨论。

第四，与公民不服从的行动密切相关的问题还有：由谁来考虑并宣布在何种具体境况下公民不服从是正当的？对于这一问题，罗尔斯认为，这个重要决定应该完全交给每个人自己去抉择："每个人必须做出自己的决定"。依据人们对正义的理解，每个人有完全的自由做出这样的决定，并同时对自己的决定负责。在罗尔斯看来，公民是自律的，要对自己的行为负责。对于如何做出负责任的决定，罗尔斯认为："人们不应该诉诸自己的个人利益或者狭义解释的政治忠诚来做出决定。为了自律和负责任的行动，一个公民必须诉诸一些构成宪法基础并指导解释宪法的政治原则。"（p. 341）当然，每个人对正义原则的解释可能不同，但是每个人都对自己的解释负责，并按照正义原则而对自己的行为负责。在罗尔斯看来，公民不服从是诉诸每个人的正义观，也是诉诸所有公民共享的正义观："最高的上诉法庭不是法院，不是执行机关和立法机关，而是全体选民。公民不服从以一种特殊方式诉诸这个整体。"（p. 342）

四　良心拒绝及其证明

除了公民不服从，罗尔斯还讨论了另一种拒绝执行相关法令的抗议形式：良心拒绝（Conscientious refusal）。良心拒绝与公民不服从类似，也是一种不服从法律的抗议行为，而且通常也以和平的方式进行。在某些情况下，人们甚至想要隐藏自己对法律的不服从。罗尔斯将后一种情况称为"良心的规避"（Conscientious evasion），而不是良心拒绝。良心拒绝的最典型的例子是早期基督教徒拒绝执行由异教国家制定的关于虔诚的法令。基督徒坚持自己的宗教信仰而拒绝执行国家的相关法令，这种行为就是良心拒绝。

罗尔斯深入分析了良心拒绝与公民不服从之间的根本区别。"第一，良心拒绝不是一种诉诸多数人的正义感的请愿形式。"（p. 324）与公民不服从不同，良心拒绝不是一种公开的抗议行动，其抗议活动的思想基础也不是大多数人所认同的公共的正义观。采用良心拒绝的形式进行抗议的人并不寄希望于所有人都能理解和赞同自己的道德信念。良心拒绝的基础是特殊的宗教信仰或道德信念，这一点与公民不服从有很大的区别。第二，"良心拒绝不是必然建立在政治原则上；它可能建立在那些与宪法秩序不符合的宗教原则或其他原则上。"（p. 324）从这个意义上来说，良心拒绝不一定是一种政治行为，其目的并不一定是要改变某种法律或政策。例如，一个和平主义者可能会因为自己的信念而拒绝服兵役。他的目的大概并不是要改变这个国家的外交政策，而仅仅是基于自己的道德信念而拒绝参与战争。

在此，人们可能陷入这样的政治困境：对于正义原则提出的要求，人们可以诉诸自己的宗教信仰或道德信念而拒绝去做吗？正如罗尔斯所言："假定有正义战争的话，和平主义者可以在一场正义战争中享有一种对军事服役的豁免权吗？"（p. 325）为了回答这个问题，罗尔斯将契约论的论证结构扩展到国际领域，试图从原初状态中推导出适用于国际事务的正义原则。罗尔斯构想，将原初状态下的各方看作不同国家的代表，这些代表将对裁决各国之间冲突的基本原则进行选择。类似地，"无知之幕"屏蔽掉许多与各国具体情况相关的特殊信息。"虽然他们知道自己代表着不同的国家，每个国家都生活在人类生活的正常环境中，但是他们不知道他们所处的社会的特殊环境、与其他国家相比较的权威和势力以及他们在自己社会中的地位。"（pp. 321－322）"无知之幕"的设定使得各国的代表处在一种公平的签约状态，取消了历史命运造成的偶然性和偏见。

从如此设定的原初状态中，罗尔斯推导出适用于国际事务的四条基本原则：（1）平等原则。罗尔斯认为，组成国家的独立民族拥有某些基本的平等权利，这些权利类似于宪法制度下公民的平等权利。（2）自我决定的原则。组成国家的独立民族拥有无须别国力量的干预而自己处理自己的事务的权利。（3）组成国家的独立民族拥有反对侵略的自卫权利，包括组成自卫联盟以保卫这一权利的权利。（4）在拟被遵守的条约和其他调节国家间关系的原则相一致的情况下，遵守条约的原则。（p. 332）罗尔斯认为，这四条基本原则就是国际法的基本原则，它们不仅对国家介入战争的理由进行了规定，而且还对国家在战争中的行为进行了限定。在西方传统的战争学说中，前者被称为"诉诸战争的权利"（jus ad bellum），后者被称为"在战争中的权利"（jus in bello）。在罗尔斯看来，战争的目的是一种"正义的和平"，而不是争夺世界霸权或者提高国家的荣誉，也不是经济和领土的扩张。国家的首要目的是"维持并保护它的正义制度以及使这些制度成为可能的条件"。（p. 333）因此，当国家介入战争的目的以及进行战争的方式违反了国际法的基本原则时，人们就有权利以良心拒绝的方式进行抗议。

为了更具体地阐述良心拒绝的抗议行为，罗尔斯考察了与兵役制相关的情况。在罗尔斯看来，兵役制的实施会严重干涉公民的基本自由。依据"自由优先"的原则，自由只能因自由的原因而受到限制。所以，除非是国家安全的需要，否则其他任何理由都不能证明征兵为正当。由此，如果一个国家试图征兵以侵略他国，那么人们就有正当的理由拒绝政府提出的征兵的要求。同样，如果战争追求的是经济或领土的扩张，人们就有权利以良心拒绝的方式进行抗议。在罗尔斯看来："当不存在发动战争的正义理由，一个公民拒绝履行他的法律义务就是正当的。国际法和社会的正义原则都支持他。"（p.334）另外，即使国家有正当的理由介入战争，但如果战争过程中使用了过于残酷的手段，并违反了相关的道德原则，甚至鼓励对人类生命的蔑视；那么人们同样有权利拒绝执行相关的法律和命令。罗尔斯认为，此时人们拒绝执行法律对他们的要求的理由在于其自然义务。也就是说，人们的自然义务要求人们尊重生命，为了履行这一自然义务，人们必须拒绝服从战争所提出的相关命令。罗尔斯论述道："如果军事冲突的目的十分可疑，而且接到罪恶的、不正义的命令的可能性相当大，一个人就可以不仅有拒绝的权利，而且有拒绝的义务。"（p.334）所以说，在残酷的不正义战争的情况下，良心拒绝不仅是一种权利，还是一种义务。而且，当良心拒绝普遍发生的时候，不正义的战争就无法再持续下去了。

20世纪六七十年代美国介入越南战争，国内反战运动风起云涌，这些社会现实激发了罗尔斯对公民不服从和良心拒绝的思考。同时，罗尔斯的相关讨论对人类历史上其他战争与道德问题也同样适用。例如，对于纳粹德国在二战中的种种暴行，如果当时的德国军人能够普遍地鼓起"良心拒绝"的勇气，拒绝执行军方下达的种种灭绝人性的战争命令，大概许多惨绝人寰的暴行就不会发生，而整个世界也能朝着正义而和平的方向迈进。现实世界中的人类社会确实不是罗尔斯在理想理论中所构建的正义社会，它与人们的正义观念可能存在许多偏差。然而，扎根于人类理性中的正义观念却在时时纠正着各种各样的不正义。如果人们能够公正地诉诸大多数人所共有的正义观念，勇敢地以和平而公开的方式抗议对正义秩序的种种偏离，一个正义的社会终将实现。

结　语
站在学术史的转折点上

从分析哲学到政治哲学
罗尔斯对直觉主义的继承与超越
从功利主义向社会契约论的回归

站在学术史的转折点上

1971年，罗尔斯的《正义论》一书出版，在学界引发了激烈的讨论。许多哲学家由此而开始关注和研究社会正义问题。五十年来，批评罗尔斯的《正义论》，探讨与正义相关的政治哲学问题，以及通过批评罗尔斯而建构自己的正义理论成为许多政治哲学研究者的主要学术工作。罗尔斯的政治哲学思想不仅在政治学界和哲学界引发了广泛讨论，其影响还辐射到其他相关学科领域，如经济学、公共政策研究、社会保障体系研究等。与《正义论》相关的研究在世界范围的学术界形成了巨大的"罗尔斯产业"。与此同时，罗尔斯的正义理论不仅在学术界意义重大，还在很大程度上改变了人们的观念。罗尔斯的核心主张——从社会中"最小受惠者"的立场审视社会制度的安排——被世界各国的政治领袖所倡导，正日益成为人们的共识。

《正义论》一书为何会产生如此大的影响？在该书出版五十年之际，我们反观《正义论》在学术史上的坐标位置，似乎能找到下述几条线索：从分析哲学到政治哲学的转向，对直觉主义的继承和发展，从功利主义到社会契约论的复归……纵横交错的线索汇聚于罗尔斯及其《正义论》，这足以让我们得出结论：罗尔斯正站在学术史的转折点上。这大概就是罗尔斯为什么这么"火"的原因，也彰显了《正义论》一书的重要学术意义。

一　从分析哲学到政治哲学

对于罗尔斯之前的西方哲学研究，哲学史家通常将其划分为三个阶段，这就是：本体论哲学、认识论哲学和分析哲学。这其中包含了苏格拉底对哲学最初的奠定，笛卡尔主导的认识论转向，以及发端于罗素的分析哲学转向。

苏格拉底并不是西方哲学的第一位哲学家。在苏格拉底之前，古希腊已经有许多著名的哲学家，如泰勒斯、德谟克利特、毕达哥拉斯、巴门尼德等。这些哲学家关注的是世界起源的问题，被称为自然哲学家。例如，泰勒斯认为世界的起源是"水"；德谟克利特认为世界的起源是"原子"；毕达哥拉斯认为世界的起源是"数"；巴门尼德将万事万物归结为"存在"；等等。与自然哲学家不同，苏格拉底所开创的哲学传统将人们的视线从天上拉回人间。苏格拉底讨论的问题大多与人和城邦的根本性问题相关，并试图以更加抽象的方式去回答这些问题。例如：什么是正义？什么是美德？等等。苏格拉底的学生柏拉图和亚里士多德继承并发展了苏格拉底的哲学思想，建构了系统的形而上学理论，奠定了本体论研究的哲学基础。在研究方法上，苏格拉底摒弃了智者学派的诡辩之术，倡导对话和理性思考，强调在与人相关的学术领域存在确定无疑的"知识"。苏格拉底主张人们通过理性思辨的方式去寻求人类社会的根本性知识，开创了西方理性主义传统。

苏格拉底开创的理性主义传统经过漫长的中世纪，在16世纪末17世纪初重新焕发出耀眼的光芒。这一时期，哥白尼、开普勒、伽利略等科学家在天文观测基础上掀起了天文学革命。在哲学领域，人们开始关注与科学知识相关的哲学问题，这些问题包括：人们通过经验还是通过理性思考认识世界？真理如何可能？等等。法国哲学家笛卡尔生活在科学精神萌芽、科学革命发生和发展的时期。笛卡尔的哲学将人们的兴趣从事物本身转向人对事物的认识，引发了哲学研究的认识论转向。笛卡尔从对知识的"怀疑"出发，步步后退，直至无可再退。亦即，人们可以怀疑事物的存在，怀疑关于事物的各种认识，但无法怀疑"我在思考"这一点。从"我思"这一确定无疑之点出发，笛卡尔引申出关于我和世界之知识的合法性，这就是其著名的论断"我思故我在"。笛卡尔将人们对世界的认识建立在"我"这一认识结构的基础上，认为知识的来源是人们的天赋观念和理性认知。笛卡尔的理性主义认识论与英国的经验主义认识论形成了鲜明的对照。与笛卡尔同时代的英国哲学家培根将人类知识的根源归结为"经验"，这种经验论的哲学在霍布斯、洛克、休谟等英国哲学家的建构下发展起来。18—19世纪，经验论和唯理论之间的争论最终在德国哲学家那里找到新的出路。康德、黑格尔、费希特、马克思等哲学家深入而极富创造性地探讨了人类的认识问题，并引入"辩证法""实践"等探索真理的新方法，极大地丰富了认识论的哲学研究。

19世纪末20世纪初，在各种实验科学蓬勃发展的背景下，哲学的研究领域被严重挤压，甚至没有了立锥之地。哲学要研究什么、以什么样的研究方法、如何保证其研究成果的真理性，这些都成为哲学研究者需要严肃回答的问题。在许多研究者看来，体系庞大的形而上学理论以及许多人们不断追问的哲学难题都是无法证伪的伪命题。这些命题之所以出现，不过是哲学语言的混乱与逻辑不清。由此，罗素、摩尔和弗雷格等一些学者想要借助对哲学语言的逻辑分析，澄清哲学问题，扫除人们思想中的混乱。这就是西方哲学史上的第二次转向：语言学转向。亦即，从认识论转向以逻辑分析和语言分析为主要内容的分析哲学。分析哲学家们希望通过语言的逻辑分析解决哲学问题，或者消除哲学上的混乱。在分析哲学的路径上，维特根斯坦、石里克、卡尔纳普等学者做出了巨大贡献。他们试图构造一种没有歧义的新的人工语言，以代替时常引发争论的、多歧义性的日常语言。

然而，西方哲学的语言学转向却不可避免地将哲学研究带进了死胡同。人们发现对哲学的语言进行逻辑分析，使得哲学完全脱离了鲜活的经验世界，变成了枯燥的符号游戏。与此同时，许多传统哲学中的重大问题，尤其是道德和政治领域的哲学问题却被人们忽视了。专注于语言和逻辑分析的哲学，无法为人们批判现实提供有力的支点，也不能帮助人们构建理想的政治图景。正是在这样的背景下，罗尔斯的正义理论跳出了分析哲学的桎梏，将人们的视线重新拉回到与公共生活相关的各种重大问题上。

当然，罗尔斯的政治哲学研究并非与分析哲学毫无关联。恰恰相反，罗尔斯在很大程度上吸收了分析哲学的许多有益之处。分析哲学要求哲学语言要清晰明确，避免因语言的含混而造成虚假的哲学问题。在罗尔斯的政治哲学著作中，每一个关键概念的定义都基于语言和逻辑的推敲，以求最大限度地避免因语言的歧义而引发虚假的争论。从这个意义上来说，罗尔斯并不排斥分析哲学，而是将分析哲学的方法应用到对道德和政治问题的探究之中，以分析哲学的方法做政治哲学研究。应该说，在道德和政治领域，罗尔斯并不满足对价值语言进行逻辑分析，而是试图构建出更具建设意义的人类规范理论，为理想的人类社会勾画蓝图。在罗尔斯之后的大部分哲学研究者都跟随罗尔斯的步伐，以分析哲学的方式构建论证更加严密、逻辑更为清晰的政治哲学理论体系，而不仅仅局限于对价值语词的逻辑分析。从这个意义上来说，罗尔斯站在了从分析哲学到政治哲学的转折点上。如果说，自苏格拉底以来的西方哲学有第三次转向的话，那大概就是罗尔斯所代表的政治哲学的转向。

二　罗尔斯对直觉主义的继承与超越

我们不仅可以从西方哲学发展的历程中找到罗尔斯正义理论的

坐标，更具体地，还可以从伦理学的发展脉络发现罗尔斯对传统的继承和超越。19世纪末20世纪初，在西方哲学从认识论转向分析哲学的大背景下，伦理学孕育出一个全新的研究领域——元伦理学。元伦理学与传统的规范伦理学不同，不再关注以什么样的道德原则规范人们的行为，而是专注于对道德语言进行逻辑分析，探讨能否对善、恶、应当、义务等道德词汇进行定义，以及过去人们对道德原则的论证是否有效。

元伦理学这一新研究领域的产生可以追溯到英国哲学家休谟。休谟认为，在他之前的道德哲学家都犯了一个共同的错误，就是不加说明地从事实判断推导出价值判断，也就是从以"是"为联结词的命题推出以"应当"为联结词的命题。[①] 这被休谟称为"自然主义谬误"。在休谟看来，人们永远不能从有关"事实"的命题推导出任何"价值"判断。例如，从"学生上学迟到会受到老师的惩罚"这一事实命题，无法推出"学生不应该上学迟到"这样的价值判断。在休谟做出这样的区分之后，传统伦理学的研究就无可避免地陷入了困境。这是因为，以休谟的观点来看，过去的伦理学研究，推导各种人们应该遵循的道德原则，都不过是从"事实"推出"价值"，从"是"推出"应该"。例如，功利主义的道德学说，将"整体利益最大化"这一事实当作"至善"，当作人们应该追求的目标，就是在用"事实"定义"价值"。而另一种谬误，则是以某些形而上的预设来推导出价值判断。例如，"自然法""神启"这些都是形而上的预设，并不能得到所有人的认同。在这样的情况下，伦理学研究陷入僵局。人们如何找到价值判断的基础以及道德律令的来源，这成为19世纪伦理学研究面对的巨大难题。

在这样的困境下，一些伦理学家主张，人们道德判断的源泉在

---

① [英]大卫·休谟：《人性论》，关文运译，商务印书馆1980年版，第509—510页。

于"直觉"(intuition),而不在于任何"事实",或者任何"形而上的预设"。西季威克是最先提出这一观点的思想家。在《伦理学方法》一书中,西季威克认为,"应当"是一个简单的、不可再分析或定义的概念,其含义是自明的。西季威克论述道:"我不知道怎么把道德责任概念传递给一个完全不知道这一概念的人。"①

西季威克对于"直觉"的重视在英国伦理学家乔治·爱德华·摩尔的著述中得到了深入的发展。1903年,摩尔出版了《伦理学原理》一书,标志着直觉主义的创立以及新的研究领域——元伦理学的形成。摩尔认为,"善"是伦理学中最基本的概念,而"善"是不可定义、不可分析的概念。人们只能依靠直觉把握这些概念。就像"黄色"这样的概念,即使我们可以从光学的角度对其进行定义,但是,人们对"黄色"这一概念的理解只能依靠视觉的直观,而不可能依靠任何理性分析。对于盲人来说,无论其理性思维再缜密,也不可能知道"黄色"这一概念的含义。②

罗尔斯深受西季威克和摩尔的影响,非常重视"直觉"在构建伦理道德体系中的作用,并且将直觉主义的许多观点应用到其正义理论的建构之中。但是,罗尔斯认为,仅凭直觉主义不足以解决社会正义的相关问题。在罗尔斯看来,直觉主义具有两个特征:"第一,由一批最初原则构成,这些最初原则可能是冲突的,在某些情况下给出相反的指示;第二,不包含任何可以衡量那些原则的明确方法和更优先的规则,我们只是靠直觉,靠那种在我们看来是最接近正确的东西来决定衡量。"(p.30)也就是说,人们依靠直觉可以得知一些根本性的原则,却无法依靠直觉在相互冲突的原则之间进行选择。例如:人们依靠直觉能知道"闲暇"和"金钱"

---

① [英]亨利·西季威克:《伦理学方法》,廖申白译,中国社会科学出版社1993年版,第58页。
② 参见 G. E. Moor, *Principia Ethica*, Cambridge University Press, 1993, p.59。

都很重要，但哪一个更重要，应如何取舍，却很难通过直觉而得到答案。因此，罗尔斯在继承直觉主义的同时，还要对这些人们直觉到的最初原则之优先次序进行讨论。

罗尔斯认为，当人们考虑社会分配问题时，会直觉性地认为有两个标准非常重要，这就是"平等"和"效率"。一个符合人们的正义观念（不论这种正义观念是什么）的社会分配必然是兼顾二者的。一种绝对平均但效率极低的分配是不可取的，那是平均主义大锅饭的分配，只会让所有人都贫穷。而一种效率很高，能够实现社会整体利益最大化（用经济学术语来说，GDP 达到最大值）的社会分配，如果其中人们的贫富差距很大，以至于改变了人与人之间平等身份的话，也同样是不可取的。然而，光凭直觉，人们并不能确定"平等"和"效率"两者的恰当比例应该是多少。人们应该以什么样的标准来确定是"平等"多一点，还是"效率"多一点？正是在这一点上，罗尔斯超越了直觉主义。罗尔斯通过构建正义的两条原则以及正义原则之间的优先次序而确定了"平等"和"效率"的恰当比例。

我们具体分析一下罗尔斯在两条正义原则中对直觉主义的继承。罗尔斯的正义两原则表述为：第一条正义原则：每个人对与其他人所拥有的最广泛的基本自由体系相容的类似自由体系都应有一种平等的权利。第二条正义原则：社会和经济的不平等应这样安排，使它们：①适合于最少受惠者的最大利益；②依系于在机会平等的条件下职务和地位向所有人开放。如上所述，人们凭直觉能够知道，"平等"和"效率"是社会分配要追求的两个目标。在罗尔斯的两条正义原则中，第一条原则规定人们**平等地**拥有各项"基本自由"，第二条原则的第②部分规定人们拥有某种意义上的"机会**平等**"。这两部分都是对人们凭直觉而感知的"平等"这一价值的具体阐释。第二条正义原则中的第①部分，要求社会和经济的不平等安排必须使得社会中所有阶层的成员都受益，这被称为差别原则，也是罗尔斯正义理论中争议最大的部分。如果搁置罗尔斯对于差别原则的论证和各种批评意见，单从形式上来看，差别原则完全就是效率原则"帕累托最优"的翻版。意大利经济学家帕累托将"效率原则"定义为："一种结构，当改变它以使一些人（至少一个）状态变好的同时不可能不使其他人（至少一个）状况变坏时，这种结构就是有效率的"，这也被称为"帕累托最优"。（p.58）罗尔斯专门讨论过"差别原则"与"效率原则"之间的关系，在罗尔斯看来，"差别原则与效率原则是相容的"，当差别原则得到满足时，社会中最小受惠者的利益得到了最大限度的推进，此时"使任何一个代表人的状况更好而不使另一个人更差的再分配就的确是不可能的……这样正义就被确定为是与效率一致的"。（p.69）由此看来，"差别原则"并不会单纯为了"平等"而将有效率的状态转变为没有效率的状态，"差别原则"与"效率原则"并不矛盾。由"差别原则"所规定的社会和经济的不平等安排恰恰是使所有人境况更好的更有效率的社会分配。

从上述分析中我们看到，罗尔斯的正义两原则非常准确地反映了人们在考虑分配问题时的直觉性认知。当然，罗尔斯并没有停留在直觉主义的结论上，而是试图在"平等"和"效率"之间给出精确的比例以及严格的优先秩序。其正义理论中的正义两原则及相应的优先规则做到了这一点。通过罗尔斯的分析，人们再也不会在"平等"多一点还是"效率"多一点之间感到彷徨，因为罗尔斯的正义理论能够精确地告诉人们，在"平等"和"效率"之间应该如何取舍。罗尔斯之所以能做到这一点，是因为吸收了建构主义的伦理学方法。建构主义是始自康德的一种哲学方法。这种方法并不预先设定一种道德真理，而是通过在建构过程中人们做出的道德选择，来证明道德共识的普遍性。罗尔斯对"平等"和"效率"之间的取舍是通过"差别原则"实现的。但是，"差别原则"并不是任何事先设定的道德真理，而是人们在"原初状态"这一程序中做出的一致选择。在罗尔斯的正义理论中,"原初状态"是推导出正义原则的纯粹程序正义,就是借助人们在原初状态这一程序中的选择来证明正义原则的普遍有效性。

通过引入建构主义的伦理学方法,罗尔斯也将"程序正义"的观念引入对正义问题的研究当中。在罗尔斯之前,当人们讨论正义问题时,更多的是关心正义原则的实质内容,而并不特别关注人们是如何到达特定的正义原则的。然而,在罗尔斯对正义原则的推导中,由于应用了建构主义的方法,强调人们通过自由选择而在适当的最初状态对正义原则达成共识。这样也就将程序正义带入了对正义原则的证明之中。也正是从罗尔斯开始,当代政治哲学家越来越重视程序正义的问题,并纷纷尝试以程序正义建构自己的正义学说。

总之,从伦理学的发展脉络来看,罗尔斯要做的事情不是完全抛弃直觉主义,而是要将人们的道德直觉进行精细化、准确化的处理。罗尔斯并没有完全摒弃传统,而是在吸收建构主义和程序正义方法的基础上,进行更深入的学术创建。正像罗尔斯的学术贡献使得哲学研究从分析哲学转向政治哲学一样,具体从伦理学的发展脉络来看,罗尔斯将伦理学研究从直觉主义引向了建构主义。

三 从功利主义向社会契约论的回归

罗尔斯的正义理论涉及的是人类公共生活的问题。因此,我们不仅可以从伦理学的研究脉络定位罗尔斯的学术坐标,还可以从政治理论的发展历程来确定其位置。社会契约论和功利主义是西方近代以来政治理论的两大主要流派。这两派思想虽然在许多问题上有共同的态度,如对自由、平等、民主、法治等政治价值的推崇;但是,两派理论的论证思路完全不同。而且,在"权利优先还是社会整体利益优先"的问题上两个思想流派针锋相对。罗尔斯著书立说的时代，正是功利主义盛行的时代。在市场经济繁荣发展的大背景下，将个人幸福和人类社会的发展目标归于计算的功利主义，对人类社会的诸多领域——政治秩序、经济制度、公共政策——都产生了巨大影响。可以说，罗尔斯正是在功利主义独霸天下的局面下，重新扛起社会契约论的大旗，建构出可以与功利主义相抗衡的社会正义理论。

在西方政治思想史上，17世纪英国思想家霍布斯被人们誉为"现代政治学之父"。霍布斯在《利维坦》一书中，系统地阐述了社会契约论的国家学说。通过对"自然状态"和"社会契约"的构建，霍布斯确立了对国家合法性的基本论证结构。虽然早在两千多年前的古希腊，伊壁鸠鲁就曾经论述过正义起源于契约的观点①，但直至霍布斯，社会契约论才在政治思想领域产生巨大影响。而在霍布斯之后，许多政治思想家也都采用契约论的论证结构来阐发自己的政治思想。这其中包括：洛克、卢梭、康德，等等。

西方社会的政治进步与政治思想家们对社会契约论的著述密切相关。霍布斯、洛克、卢梭等人的政治理论都形成于革命年代。社会契约论者对权利、自由、平等、法治等政治价值的论证，不仅为人们勾画了美好的革命理想，也为革命的最终胜利奠定了理论基础。英国革命、美国革命、法国革命……这些巨大的政治变革都得益于社会契约论对人们观念的解放。然而，到了18世纪末19世纪初，社会契约论却逐渐被功利主义所取代。此时，各国的自由主义革命都已取得成功、社会契约论者所论证的各种政治制度——法治、宪政、代议制等——在某种程度上得到了实现。但是，人们却

---

① 伊壁鸠鲁曾论述道："自然正义是人们就行为后果所作的一种相互承诺——不伤害别人，也不受别人伤害。对那些无法就彼此互不伤害而相互订立契约的动物来说，无所谓正义与不正义。同样，对于那些不能或不愿就彼此互不伤害订立契约的民族来说，情况也是如此。没有自在的正义，有的只是在人们的相互交往中在某个地方、某个时候就互不侵犯而订立的协议。"（[古希腊]伊壁鸠鲁：《自然与快乐：伊壁鸠鲁的哲学》，包利民、刘玉鹏、王玮玮译，中国社会科学出版社2018年版，第40页）

突然发现自己的生活并没有得到很好的改善，生活水平仍然不高。于是，人们开始重新寻找国家存在的理由，而个人幸福成为人们想要实现的政治目标。正是在这样的社会背景下，功利主义政治学说应运而生。

1789年，英国哲学家边沁出版了自己最重要的道德哲学著作《道德与立法原则》，系统地阐述了功利主义的思想。此后，边沁的学生密尔又对功利主义进行了修正和改良。密尔之后的休谟、西季威克、摩尔等思想家也都是功利主义的追随者，他们的著述使得功利主义思想更加精致化。

功利主义与社会契约论的根本分歧在于对待"权利"的不同态度。功利主义反对社会契约论将"权利"当作一种超验的、根本性的概念，功利主义从根本上拒斥这种形而上的预设。在功利主义者看来，"权利"只能存在于实实在在的法律规定之中，而不能成为立法的基础。能够作为立法基础的只有每个人的"功利"，亦即，早期功利主义者所说的"快乐"，或者是后来的功利主义者所说的"理性欲望的满足"。在功利主义学说中，"功利"不仅是立法的基础，也是人类社会追求的最终政治目标。因此，以增大社会整体功利之名，就可以在"个人权利"的问题上妥协。如果某些政策或制度能够以牺牲个人权利而增进社会整体的功利，那么，功利主义者会赞同这样做。这正是功利主义和社会契约论针锋相对之处，对于社会契约论者来说，权利是政治理论中最根本的概念，是政治制度合法性的根基，也是人类社会的最终政治理想。契约论者秉持"权利优先"的信念，不容任何妥协。罗尔斯正是在这一点上对功利主义展开了深刻的批评。

罗尔斯非常明确自己的学术立场：回归社会契约论传统，反对功利主义。在《正义论》开篇，罗尔斯就吹响了向功利主义进攻的号角："我一直试图做的就是要进一步概括洛克、卢梭和康德所代表的传统的社会契约论，使之上升到一种更高的抽象水平。借此，我希望能把这种理论发展得能经受得住那些常常被认为对它是致命的明显攻击。而且，这一理论看来提供了一种对正义的系统解释，这种解释在我看来不仅可以替换，而且或许还优于占支配地位的传统的功利主义解释。"①

罗尔斯对功利主义的批评主要集中在下述几点：第一，功利主义将自然权利作为次一级的概念，仅在其能带来巨大社会利益的情况下才保护人们的权利，这没有体现权利的优先性。第二，功利主义把个人的选择原则（自我利益最大化）扩展到社会（社会整体利益最大化），这种推导是不成立的，而且这样做是以集体的利益为中心而忽略了个体的独特性。第三，功利主义是目的论的，有可能以目的的正当代替手段的正当，对个人权利造成威胁。

罗尔斯对功利主义的批评在很大程度上削弱了功利主义在当代政治理论中的霸权地位。人们甚至开始质疑经济学家们在功利主义的思维方式下提出的各种经济增长目标。同时，在学术界，许多当代学者也纷纷参与到社会契约论和功利主义之间的争论中来。支持功利主义的学者开始对传统的功利主义进行改良，发展出许多新的功利主义思想，这其中包括：偏好满足功利主义、客观列表功利主义、体验功利主义、行为功利主义、规则功利主义、双层功利主义、政府大厦功利主义、选择功利主义等②。许多著名学者，如阿玛蒂亚·森、阿内逊、豪尔绍尼、帕菲特、黑尔等都参与到捍卫功利主义的讨论中来。

值得注意的是，罗尔斯不仅从根本上批评了功利主义，也在一定程度上超越了自霍布斯以来的传统社会契约论。具体来说，罗尔斯对社会契约论进行了下述四个方面的改造：第一，罗尔斯将社会

---

① ［美］约翰·罗尔斯：《正义论》，何怀宏、何包钢、廖申白译，中国社会科学出版社1988年版，第2页。
② 参见刘舒畅、王浦劬《当代功利主义主要流派论析》，《中共福建省委党校学报》2017年第11期。

契约论中的"自然状态"抽象为"原初状态",并加入了"无知之幕"的设计。在社会契约论中,"自然状态"的理论作用是规定一个"公平"的签约状态,罗尔斯通过"无知之幕"的设计使得这个签约状态在保证"平等"和"自由"的基础上,变得更加"公平"。第二,与传统社会契约论者不同,罗尔斯并没有纠结于"自然状态是否真实存在过",以及"社会契约是否假想的"这类问题,而是直截了当地指出,"社会契约就是假想的"。并且借用康德对"假想的同意"的论述对"假想的契约"进行了阐释:构成正义社会之基础的原初契约是有理性的人们在公平的签约环境中将会一致同意的契约。罗尔斯认为,正是上述意义上的契约才具有论证的效力。第三,对于人们如何达到"原初状态",罗尔斯引入了"反思平衡"的概念,借助人们的道德直觉和理性推导能力确定契约论推理的起点。"反思平衡"的理论设计避免了在契约论中引入任何形而上的预设或者作为历史事实的"自然状态",也就避免了休谟所说的"自然主义的谬误"。第四,与传统的社会契约论者不同,罗尔斯认为社会契约是对社会基本结构的规定而不是对任何具体社会制度的规定。这意味着与传统的社会契约论相比,罗尔斯的正义理论更具普遍性,即适用于各种具体形式的人类社会。

总之,罗尔斯对社会契约论的发展引发了社会契约论的复兴。从罗尔斯开始,逐步形成了"当代社会契约论"这一学术流派,许多当代政治哲学家都以契约论的形式构建自己的政治学说。这其中包括:德沃金、高蒂尔、布坎南、宾摩尔等著名学者。

2021年是《正义论》出版五十周年,也是罗尔斯诞辰一百周年。回望西方学术发展的历史,50年前的罗尔斯引发了一系列学术史上的重大变革:在西方哲学的历程上,罗尔斯哲学代表了继笛卡尔的认识论转向、罗素的分析哲学转向之后的第三次转向——政治哲学转向;在西方伦理学的发展脉络中,罗尔斯部分地继承了元伦理学中的直觉主义,并将直觉主义引向建构主义;在西方近代以

· 213 ·

来的政治思想流派中，罗尔斯复兴了社会契约论传统，并激发了社会契约论和功利主义两种传统的新进展；在正义问题的研究中，罗尔斯在以往注重实质正义的研究中加入了程序正义之维……罗尔斯，站在西方学术史的转折点上，为我们开启了新的学术领域和通往正义社会的现实之路。

附录一　罗尔斯正义理论中"rational"与"reasonable"含义及翻译辨析

当代西方分析路径的政治哲学以其推理的缜密和语言的精致而著称。然而，翻译的困难却为中国学者学习和研究这一派学说设置了更多的障碍。本文试图梳理罗尔斯正义理论中的两个重要概念"rational"和"reasonable"，并澄清其在中文翻译中的混乱，以期让中国读者能更准确地理解罗尔斯的正义理论。

一　"rational"与"reasonable"在《正义论》中的不同含义

罗尔斯在自己的正义学说中使用了"rational"和"reasonable"两个概念，并对这两个概念之间的区别和联系进行了深入的阐述。罗尔斯最先在其论文《道德理论中的康德式建构主义》（1980）中阐述了这两个概念的关系，后来又在《政治自由主义》（1996）、《作为公平的正义》（2001）、《道德哲学史讲义》（2000）以及《政治哲学史讲义》（2007）等多部著作中重申两者的区别，并将这一区别提高到其正义理论的核心地位。

罗尔斯在"rational person""rational decision""rational plan of

life""mutually disinterested rationality""deliberative rationality"等术语中使用"rational",并且将原初状态下的订约者构想为具有"mutually disinterested rationality"的。在这些用法中,"rational"指的是行为者能够有效地增进自己的利益,如罗尔斯所述:"狭义的 rational 所包含的意思——大体上意味着以最有效的方式推进我们的利益。"① 所谓"理性人",他们或者是深谋远虑的(prudential),能够整合、规划自己的生活计划以促进自身利益,或者能找到实现自身目的的有效途径。② 另外,罗尔斯在"reasonable constrains or restrictions""reasonable conditions""reasonable terms""the reasonableness of the principle"等术语中使用"reasonable",其含义是:"乐于提出被所有人都视为公平的合作条款,或者当这些原则是由别人提出的时候,他们也乐于加以承认。"③ 从上述两个定义来看,"rational"与"reasonable"的基本区别在于,"rational"只关乎自身利益的增进,而"reasonable"是一个更宽泛的概念,关乎人与人之间的协调一致,是一个要求"换位思考",涉及人际(interpersonal)关系的概念。④

罗尔斯在《作为公平的正义》一书中将"rational"与"reasonable"之区分的起源归结于希柏利的一篇文章。⑤ 希柏利在这篇文章中专门论述了"rational"与"reasonable"之间的区别。首先,rational 具备下述三方面的特征:(1)在"目的"方面,rational 指

---

① [美]约翰·罗尔斯:《罗尔斯论文全集》,陈肖生等译,吉林出版集团有限责任公司 2013 年版,第 571 页。
② [美]约翰·罗尔斯,《罗尔斯论文全集》,陈肖生等译,吉林出版集团有限责任公司 2013 年版,第 356 页。
③ 参见[美]约翰·罗尔斯《作为公平的正义》,姚大志译,中国社会科学出版社 2011 年版,第 14 页。该书将"reasonable"翻译成"理性的"。
④ 参见 Larry Krasnoff, "The Reasonable and the Rational", *The Cambridge Rawls Lexicon*, Edited by Jon Mandle and David A. Reidy, 2015, pp. 692 – 697。
⑤ Sibley, W. M., "The Rational Versus the Reasonable", *The Philosophical Review*, Vol. 62, No. 4, 1953, pp. 554 – 560。

基于正确信息和仔细反思的、在自身以及他人经验的基础上而形成的自己最想达到的目的；（2）在"手段"方面，rational 指能够选取事实证明最为有效的手段实现自己的目的。（3）在"意志"方面，rational 指行为者能够根据自己对目的和手段的反思去行动，不受任何感情因素的影响。[1] 希伯利认为，所谓 rational 必须具备上述三方面的条件，缺一不可。根据这三方面的要求，希伯利还举出了 rational 的反面 irrational 的例子：追求自己认为的价值较低的目的；选择以不现实的手段达到目的；未能在实践中完成自己下决心要做的事；等等。

其次，希伯利认为 reasonable 意味着除了会考虑自己的利益外，还会从别人的角度思考问题（from the other's point of view），并依据对别人利益可能造成的影响去行动。reasonableness 要求不偏不倚（impartiality）和客观性（objectivity），并被表达为公平（equity）。[2]

对于两个概念之间的关系，希伯利认为，无法仅仅从 rational 中推出 reasonable。因为，对于一个 rational 的人来说，仅仅在其欲求 reasonableness 的时候，他才有理由 be reasonable。所以，对于 rational 的人来说，reasonable 是有条件的，而并非康德意义上的普遍的道德法则。reasonableness 却不同，它从根本上预设了公平，预设了在考虑自身利益的同时要兼顾其他人的利益和立场。Rational 是一种理智的德性（intellectual virtue），而 reasonable 不仅仅是一种理智的德性，它同时具有道德特性，仅从理智的德性中无法推导出 reasonableness。这就像休谟的名言："一个人如果宁愿毁灭全世界而不肯伤害自己的一个指头，那并不是违反理性。"[3] 这样的

---

[1] Sibley, W. M., "The Rational Versus the Reasonable", *The Philosophical Review*, Vol. 62, No. 4, 1953, p. 556.

[2] Sibley, W. M., "The Rational Versus the Reasonable", *The Philosophical Review*, Vol. 62, No. 4, 1953, p. 557.

[3] ［英］休谟：《人性论》，第 3 节"影响意志的各种动机"。

人有可能是 rational 的，取决于其自身的目的；但绝不可能是 reasonable 的。

最后，希伯利还将 rational 和 reasonable 与康德对假言命令和定言命令的区分联系起来。康德在《道德形而上学的奠基》一书中区分了两种道德命令：普遍的道德命令和有条件的道德命令，并将前者称为定言命令，后者称为假言命令。康德论述道："如果行为仅仅为了别的目的作为手段是善的，那么，命令式就是假言的。如果行为被表现为就自身而言是善的，从而被表现为在一个就真实而言合乎理性的意志之中是必然的，被表现为该意志的原则，那么，命令式就是定言的。"① 希伯利认为，rational 所表达的含义取决于增进个人利益的具体目的，对应于假言命令；而 reasonable 则要求行为者站在对方立场上考虑问题，不依赖于个人的具体目的，对应于康德所说的定言命令。

罗尔斯继承了希伯利对 rational 与 reasonable 的区分，而且也将这一区分与康德对假言命令和定言命令的区分联系起来。罗尔斯论述道："rational 自主（autonomous）属于作为建构行动者的原初各派；它是一个相对狭义的概念，大体上类似于康德的假言命令的理念（或者新古典经济学中使用的 rational 理念）；充分的自主归属于日常生活中的公民，他们以某种方式看待他们自己，并且认可和践行会被一致同意的首要正义原则。"② 可见，在罗尔斯的阐释中，rational 是较狭隘的，基于行为者对自身幸福的理解；而 reasonable 却带有普遍性的特征，与人们的"一致同意"相联系。与此同时，罗尔斯不仅将 rational 与 reasonable 的区分与康德道德律令联系起

---

① 康德：《道德形而上学的奠基》，李秋零译注，中国人民大学出版社 2013 年版，第 32 页。
② ［美］约翰·罗尔斯：《罗尔斯论文全集》，陈肖生等译，吉林出版集团有限责任公司 2013 年版，第 348 页。该译文将 autonomous 翻译为"自律"，笔者认为译为"自主"更为恰当，也与学术史上的其他翻译相一致。

来，而且还将这一区分应用到原初状态的推导中去。

罗尔斯的正义理论采用了契约式论证，对于原初状态的规定是"作为公平之正义"的理论精髓。从某种意义上来说，"rational"与"reasonable"两个概念在原初状态中的区别与联系直接决定着契约式论证的成败。在对原初状态的讨论中，罗尔斯采用了康德建构主义的路径，将理性选择理论与社会正义理论结合起来，通过一个"rational person"的选择而推导出正义的两原则。而且，罗尔斯认为如此推导出的正义两原则具有"reasonable"的特征。那么，罗尔斯必须回答这一问题：为什么一个由"rational person"推导出来的原则会具有"reasonable"的特征呢？其秘密就在于通过"无知之幕"而对原初状态做出一系列规定。

如罗尔斯所言："我们把 reasonableness 看作是由对各派（作为 rational 自主的构建行动者）的慎思施加的限制框架表达出来的。这些限制的代表是公共性条件，无知之幕、各派被相互对称地安置以及将基本结构规定为正义的首要主题。"[①]也就是说，在原初状态下 rational 的订约者想要增进自身的利益，但是，在"无知之幕"的遮蔽之下，订约者实际上并不知道自身利益是什么。由于不知道自己的善观念以及任何与自身利益相关的信息，订约者无法通过对原则的选择而增进自身的利益。由此，rational person 不得不在增进自身利益的同时，最大限度地增进订约各方的利益。这就是为什么通过"无知之幕"等相关设计，一个 rational person 能够提出增进各方利益的正义原则，这是一个能被订约各方所接受的公平的合作条件，而这样的原则是 reasonable 的。由此，通过对原初状态各种限制条件的规定，rational 就成功地转变成了 reasonable。订约者从一个只考虑自身利益的人转变为同时为他人着想，并试图推进社

---

① ［美］约翰·罗尔斯：《罗尔斯论文全集》，陈肖生等译，吉林出版集团有限责任公司 2013 年版，第 358 页。

会正义的人。正是在这一意义上，罗尔斯论述道："实践理性的统一，是通过设定 reasonableness 框定 rationality，并使 rationality 绝对地从属于 reasonableness 来体现的。……reasonableness 与 rationality 在一个实践推理的体系里达致统一，在此体系里，确立了 reasonableness 对于 rational 的绝对优先权。"①

可以说，rational 与 reasonable 分别是罗尔斯契约式论证的起点和终点。人们从 rational 出发，在原初状态的一系列规定之下而达到 reasonable。因此，这两个概念对于罗尔斯的正义理论来说都是必不可少的。如果没有了 rational，亦即不从"每个人的自利行为"出发，那么论证就会失去可信的起点；而如果没有"reasonable"，论证又无法推导出对社会制度之安排具有指导意义的正义原则。正是在这个意义上，罗尔斯认为："人们熟悉的正义原则就是 reasonable 原则的例子，而为人们熟悉的理性选择原则就是 rational 原则的例子。Reasonableness 在原初状态中的体现方式导出了两个正义原则，这些原则通过'作为公平的正义'构建出来，它作为 reasonableness 的内容，是为规导一个组织有序社会的基本结构而制定的。"②

总之，在罗尔斯的正义理论中 rational 与 reasonable 两个概念既相互区别又互为预设。Rational 与 reasonable 在许多方面都有着根本性的区别，例如：是否承认各方能接受的公平合作条件，是强调个人还是强调共同体，取决于个人的善观念还是同人们的正义感相联系，是私人的还是公共的，等等。③ 从英文文献中我们可以清晰地看到这种区分，并理解其重要意义。然而，已有的罗尔斯著作的中文文献对这两个概念的翻译却极为混乱，引发了许多不必要的纷争。

---

① ［美］约翰·罗尔斯：《罗尔斯论文全集》，陈肖生等译，吉林出版集团有限责任公司 2013 年版，第 360—361 页。
② ［美］约翰·罗尔斯：《罗尔斯论文全集》，陈肖生等译，吉林出版集团有限责任公司 2013 年版，第 358 页。
③ 参见刘敬鲁、叶源辉《罗尔斯的 the reasonable 和 the rational 之区分的实质与中文翻译》，《世界哲学》2018 年第 2 期。

二 "rational"与"reasonable"在中文文献中的翻译及其问题

据笔者统计，rational 在罗尔斯的下述著作的中文翻译中被译成"理性的"，reasonable 被翻译成"合理性的"：《正义论》、《正义论》（修订版）、《政治自由主义》、《作为公平的正义》；在《罗尔斯论文全集》中 rational 被翻译成"理性的"，reasonable 被翻译成"合情理性的"。由此可见，在罗尔斯著作的中文翻译中，对于 rational 和 reasonable 有两种截然相反的翻译，而这正是将两个概念混淆的根源所在。在上述不同的翻译中，笔者倾向于将"rational"翻译成"理性的"，而将"reasonable"翻译成"合理的"或者"合情理的"。下面笔者将阐述如此翻译的三方面的理由。

第一，在中文中，"理性的"更符合罗尔斯所规定的 rational 的含义。《现代汉语词典》（第五版）将形容词的"理性"定义为：属于判断、推理等活动的，与"感性"相对。① 由此，当我们用"理性的"来形容一个人，指的是这个人能够用推理、判断等方式有效地推进自身的目的。这一含义与罗尔斯正义理论中的"rational"的含义是一致的。另外，《现代汉语词典》将形容词的"合理"定义为：合乎道理或事理。② 所以，如果用"合理的"来修饰一个人，指的是这个人"明事理""讲道理"，并非只想着自己而不顾他人。这一含义更接近 reasonable。因此，从相关词汇的中文意思出发，应该将 rational 翻译为"理性的"，而将 reasonable 翻译为"合理的"，或者另外一些相近的概念，如"合情理的""合情合理的"等。

第二，从与 rational 相关的一些重要西方哲学词汇的中文翻译

---

① 《现代汉语词典》（第五版），商务印书馆 2005 年版，第 836 页。
② 《现代汉语词典》（第五版），商务印书馆 2005 年版，第 548 页。

来看，rational 应该被翻译成"理性的"。例如，rationalism 在思想史上一直被翻译成"理性主义"，指的是与"经验主义"相对的认识论学说。该学说认为，运用理性或理智官能才能获得确定的知识，而感觉经验并不能达到确定性。① 另外，西方哲学中的 rationality 一词通常被翻译成"理性能力"，《西方哲学英汉对照词典》在定义 rationality 时，参考了休谟的论述，这与罗尔斯意义上的 rationality 是同源的。② 如果将 rational 翻译成"合理的"，那么上述两个相关词汇的翻译也必须修改为"合理主义"和"合理能力"，而这将严重扰乱中国学界对西方哲学的理解。

第三，从其他相关学科的中文翻译来看，"rational"通常被译为"理性的"。rational 一词不仅在哲学领域处于中心地位，而且在社会科学以及自然科学的其他相关学科都频繁出现。我们可以参照哲学以外其他学科领域对"rational"的翻译来考察这一问题。首先，rational 一词在经济学中占据了核心重要的地位。几乎所有的经济学模型中都必须有关于 rational person 的假设，指的是将经济生活中的人假设为"自我利益最大化"的人，而对这一概念的翻译通常是"理性人"而不是"合理的人"。如果将 rational person 翻译为"合理的人"，那么将彻底颠覆近代以来中国学界对西方经济学的理解。与此同时，罗尔斯自己认为其所使用的 rational 这一概念与新古典经济学中的 rational 是一致的③，而新古典经济学的核心概念 rational expectation 通常被翻译成"理性预期"而不是

---

① 参见［英］尼古拉斯布宁、余纪元编著《西方哲学英汉对照词典》，人民出版社 2001 年版，"理性主义"词条。

② 参见［英］尼古拉斯布宁、余纪元编著《西方哲学英汉对照词典》，人民出版社 2001 年版，"理性主义"词条。

③ 参见引文："rational 自主（autonomous）属于作为建构行动者的原初各派；它是一个相对狭义的概念，大体上类似于康德的假言命令的理念（或者新古典经济学中使用的 rational 理念）。"（《罗尔斯论文全集》，陈肖生等译，吉林出版集团有限责任公司 2013 年版，第 348 页）

"合理预期"。例如，史蒂文·M.谢弗林的著作《理性预期》（李振宁译，商务印书馆2016年版）。其次，Rational Choice Theory是当代学术界蓬勃发展的一门新兴学科，其研究的主题是考察人们在特定境况下，为了增进自身的利益，应该进行什么样的选择，如何计算出最佳选项。这门学科的重要翻译著作以及中国学者对这门学科的研究都将rational choice翻译成"理性选择"而非"合理选择"。例如，赵红梅主编的《经济学基础——宏微观经济的理性选择》（对外经贸大学出版社2011年版），海蒂斯和道斯合著的《不确定世界的理性选择：判断与决策心理学》（谢晓非、李纾译，人民邮电出版社2013年版），等等。

基于上述各条理由，笔者认为，在对罗尔斯著作的翻译中应该延续思想史上的相关翻译，并借鉴其他学科的翻译，同时和其他相关词汇的翻译保持一致，将rational翻译为"理性的"，而将reasonable翻译成"合理的"或者"合情理的"。那么，人们不禁要问，为什么许多翻译作品都将这两个概念的翻译倒过来呢？下面笔者将重点讨论这一问题。

三 造成翻译混淆的原因

为什么中国学界在最开始翻译罗尔斯的著作时会将rational和reasonable两个词的翻译倒过来呢？这或许与罗尔斯过于强调两个概念之间的联系相关。

第一，在rational和reasonable的关系问题上，罗尔斯的观点与希伯利存在细微的区别。如前所述，希伯利认为无法单纯从rational中推导出reasonable。然而，在罗尔斯看来，"rational"与"reasonable"虽然有根本性的区别，但它们之间并不是截然分开的，而是相互预设的。罗尔斯论述道："reasonableness预设着rationality，而rationality从属于reasonableness。Reasonableness界定了可为某些群体内所有人——这些人可被分离地识辨出来,他们中每一个人都拥有和能够运用两种道德能力——接受的公平合作条件。……rationality 又从属于 reasonableness,是因为 reasonableness 原则限制着可追求的终极目的。"① 在罗尔斯看来,通过原初状态的恰当设计,rational 可以转化为 reasonable。而且,罗尔斯在其正义理论的论述中经常使用"rational and reasonable"这一表述,认为人们通常同时具备 rational 和 reasonable 两种特征。

第二,罗尔斯自觉地认为自己的正义理论根源于康德的道德哲学,并且认为,rational 和 reasonable 这两个词合起来涵盖了康德哲学中的 vernünftig 这一概念,而这一概念的中文翻译通常是"理性的"。罗尔斯论述道:"康德使用 vernünftig 来表达一个厚实的观念,它涵盖了我们经常使用的术语 reasonable 和 rational。"② 在西方哲学史上,康德将"理性"看作人的本质特征,而且其道德哲学的所有推理都是以"理性存在者"为对象做出的。在中国学者对康德著作的翻译中,德语词汇 vernünftig 被翻译成"理性的"。而且,在所有包含 vernünftig 的相关概念中,vernünftig 都被翻译成"理性的"。例如:"Vernunftwesen""Vernunftverbrauch""Vernunfterkenntnis"分别被翻译成:"理性存在者""理性的应用""理性认识",等等。③

基于上述两个事实,我们似乎可以得出结论,rational 和 reasonable 都可以翻译成"理性的",因为是这两个概念共同组成了康德哲学的核心概念 vernünftig。这或许就是 reasonable 被翻译成"理性的"的原因。然而,这一结论下得过于匆忙。因为,在其后的

---

① [美]约翰·罗尔斯:《罗尔斯论文全集》,陈肖生等译,吉林出版集团有限责任公司2013年版,第358页。

② [美]约翰·罗尔斯:《罗尔斯论文全集》,陈肖生等译,吉林出版集团有限责任公司2013年版,第570页。

③ 参见[德]康德《实践理性批判》,韩水法译,商务印书馆2001年版,第185页。

论述中，罗尔斯明确地区分了英语和德语的不同表达。罗尔斯论述道："在英语中，当某人说'他们的提议，在他们所处的环境下看来是 rational，但这毕竟还不是 reasonable'时，我们大体知道这是什么意思：这句话中所指的人正试图推动一项苛刻而不公平的交易，他们知道这一交易是符合他们自己的利益的，但是他们不能指望我们接受他们，除非他们知道他们处在强势的位置上。……Vernünftig 在德文中具有同样的意思：它可以具有广义的 reasonable 所具有的意思，也具有狭义的 rational 所包含的意思——大体上意味着以最有效的方式推进我们的利益。康德对 Vernünftig 的用法是有变化的，但当他去描述人之时，它涵盖了 reasonable 和 rational 两个意思。"从这里我们看到，康德并没有像罗尔斯那样对 rational 和 reasonable 两个概念进行区分。当他使用 Vernünftig（中文翻译：理性的）一词时同时包含了 rational 和 reasonable 两种含义。大概在德语中，尤其是在康德哲学中，没有恰当的术语足以表达罗尔斯意义上的 rational 和 reasonable 之间的细微区分。但是，这并不足以成为我们将这两个概念混作一谈的理由。因为，对于中文表达来说，对应于 rational 的"理性的"与对应于 reasonable 的"合理的"是可以表达罗尔斯对这两个概念的区分的。

总之，中国学界对罗尔斯正义理论中的 rational 和 reasonable 这两个概念的翻译存在混乱，其原因与两个因素相关。一方面，与希伯利强调这两个概念之间的区别不同，罗尔斯创造性地阐释了这两个概念之间的相互转换关系：通过原初状态的恰当设置，rational 可以转换成 reasonable。而且，在行文中罗尔斯经常将这两个术语合起来使用，这是这两个术语的中文翻译产生混淆的重要根源。另一方面，罗尔斯的正义理论与康德道德哲学的紧密联系也对这两个概念的翻译产生了一定的影响。因为，根据罗尔斯的阐释，在康德哲学中这两个概念原本就是一个概念。然而，结合本文第二部分给出的三个理由，笔者认为在对罗尔斯正义理论的相关著作的翻译中，没有必要独立于西方学术的其他学科而另辟蹊径，将这两个概念的中文翻译颠倒过来。这样只会引发许多不必要的学术纷争，使得政治哲学这门本来就精巧复杂的学科更难为中国学人所理解。

附录二 《正义论》迷你词典*

B

不完善的程序正义（Imperfect procedural justice）：人们对结果是否正义存在独立于程序的判断标准，但却无法设计出一个程序以确保实现结果正义。司法程序和民主程序都是不完善的程序正义的例证。

部分服从理论（Partial compliance theory）：在制度并非完全正义的情况下，人们并非必须服从所有的法律和法规，在某些情况下允许公民不服从。参见"非理想理论"词条。

C

差别原则（Difference principle）：差别原则是罗尔斯两条正义原则中第二条正义原则第①部分的内容，其表述是：社会和经济的不平等应这样安排：使它们适合于最小受惠者的最大期望利益。

承诺的强度（Strains of commitment）：指具有正义感的契约各方一定会仔细衡量他们是否能在所有环境里都坚守他们的承诺。人们不可能进入那些可能有不可接受的后果，或者很难坚持的契约。

＊ 本词典对于概念的界定仅限于在罗尔斯的《正义论》一书的范围之内，相关解释皆依据罗尔斯自己的说法，一些地方为了语句的通顺做了一些调整。

程序正义（Procedural justice）：具有不偏不倚、平等、公开、没有强制以及全体一致同意等特征的程序。大卫·米勒认为，程序正义应该满足四个道德原则：平等、准确、公开、尊严。

充分正义（Just throughout）：任何状况较好的人利益的增加都将促进最小受惠者的利益。也就是说，在充分正义的社会中不平等安排促进了社会中每一个人的利益，但还未使最不利者的利益最大化，还未达到最好的社会安排。

纯粹程序正义（Pure procedural justice）：不存在独立于程序的判断结果是否正义的标准，只存在一种正确的程序，如这一程序被严格地遵循，那么其结果不论是什么都应该被接受。例如：赌博、彩票、抽签，等等。

纯粹良心行为学说（Purely conscientious act, doctrine of）：这种学说假设，人们的最高道德动机就是做那些自身就正当正义的事情，且因其正当而产生相应的欲望。同时，纯粹良心行为的学说还认为，人们的其他动机（例如追求幸福的动机）的道德价值低于做仅因其自身就是正当的事的动机。

词典式排序（Lexical order）：一种要求我们在转到第二个原则之前必须充分满足第一个原则的序列，而且，在满足第二个原则之后才可以考虑第三个原则，如此往下类推。

慈善（Benevolence）：为另一个人的善而做出的行为，是出于另一个人应当获得这种善这样的欲望而做出的行为。"善行"和"慈善"之间的区分在于，前者通常是一两次偶然性的行动，而后者则是长期的、有意为之的一系列行动。参见"善行"词条。

D

搭便车者（Free-rider）：在享用公共利益的同时，逃脱自己为公共利益应尽的一份责任的人。

代表人（Representative persons）：罗尔斯将在社会分配中最不走运的人挑选出来作为"代表人"，将其称为"最小受惠者"。

代际正义（Justice between generations）：罗尔斯设想，在原初状态的各方为一条条代表各种要求的连续线，想象他们作为家长，因而他们希望推进至少是直接后裔的福利。或者要求各方同意一样的受限原则：他们希望所有的前世都遵循同样的原则。以这样的方式，罗尔斯将不同世代的人们关联起来，使人们在原初状态中选择的正义原则能够恰当地考虑不同世代的利益。

道德情操（Moral sentiments）：与爱的自然倾向紧密联系、在学习中培养起来的道德自律行为，正义感是一种道德情操。

道德心理学法则（Principles of moral psychology）：罗尔斯从道德心理学的三条基本法则中推导出"正义感"：第一法则：假如家庭制度通过关心孩子的善表现出它们对孩子的爱，那么，孩子一旦认识到对他的显明的爱，他就会逐渐地爱它们。第二法则：假如一个人以与第一法则相符合的方式获得了依恋关系，从而实现了他的友好情感能力，假如一种社会安排是正义的并且所有的人都知道它是正义的，那么，当他人带着显明的意图履行他们的义务和职责并实践他们的职位的理想时，这个人就会在交往中发展同他人的友好情感和信任的联系。第三法则：假如一个人以与第一、第二法则相符合的方式形成了依恋关系，从而实现了他的友好情感能力，假如一个社会制度是正义的并且所有人都知道它是正义的，那么，当这个人认识到他和他所关心的那些人都是这些社会安排的受惠者时，他就会获得相应的正义感。

妒忌（Envy）：罗尔斯将妒忌理解为：不希望别人比自己更好的心理状态。这与嫉妒（Jealousy）有细微的差别。妒忌是位置低者对位置高者来说的，而嫉妒是位置高者对位置低者来说的。罗尔斯认为，妒忌的心理根源是：行为者缺乏对自身价值的自信，并感到无力自助。参见"嫉妒"词条。

对不宽容者的宽容（Toleration of the intolerant）：一个不宽容团体没有权利抗议对它的不宽容。如果一个不宽容团体的思想和行为并没有威胁到公共安全或侵犯其他人的自由，那么各种宽容团体就没有理由不宽容一个不宽容团体。相反，如果宽容团体真诚地、理性地相信为了其安全不宽容是必需时，它们便具有不宽容那些不宽容者的权利。

F

反思平衡（Reflective equilibrium）：反思平衡是罗尔斯寻求对原初状态的恰当描述的方法。在寻求对这种原初状态的最可取描述时，我们是从两端进行的。开始我们这样描述它，使它体现那些普遍享有和很少偏颇的条件，然后我们看这些条件是否足以强到能产生一些有意义的原则。如果不能，我们就以同样合理的方式寻求进一步的前提。但如果能，且这些原则适合我们所考虑的正义信念，那么到目前为止一切就都进行得很顺利。……通过这样的反复：有时改正契约环境的条件；有时又撤销我们的判断使之符合原则，我们预期最后将达到这样一种对原初状态的描述：它既表达了合理的条件，又适合我们所考虑的并已及时修正和调整了的判断。这种情况我们把它叫作反思平衡。

反应得理论（Less-desert）：人们与生俱来的社会境况和自然禀赋并不是人们自身努力的结果，是不应得的。

非理想理论（Nonideal theory）：与理想理论相对，非理想理论讨论的是偏离理想状态的情况。这个部分考虑的问题是：正义的理想观念是怎样被运用到不正义的情形中的。在制度并非完全正义的情况下，人们并非必须服从所有的法律和法规，存在部分服从的情况。非理想理论包括惩罚理论和补偿性正义、正义战争和良心拒绝、公民不服从和军事抵抗及其他理论。参见"理想理论"词条。

分配正义（Distributive justice）：划分基本的权利和义务，决定社会合作的利益和负担的适当分配。

分外行为（Supererogatory acts）：某种善行能给对方带来很大的益处，同时行动者可准确估计该行为会给自己带来巨大的损失或风险。自然义务所要求的"相互帮助"与"分外行为"之间的区别在于，前者是在自身损失不大的情况下做出的，而后者则可能给行为者带来巨大损失或危险。例如，"见义勇为"这样的道德行为就属于"分外行为"。

愤慨（Resentment）**和义愤**（indignation）：愤慨和义愤是拥有正义感的人对于正义秩序的破坏者的反应。如果人们没有正义感，那么可能会生气（anger）或恼怒（annoyance），但绝不会感到愤慨或义愤。

负罪（Guilt）：持有特定正义观的人们对他人遭受的不公正和伤害感到义愤或有负罪感。如果 A 爱 B，那么，当 A 侵犯了 B 的合理要求时，其心理感受就是负罪感。

G

公共的正义观（Public conception of justice）：罗尔斯认为，虽然存在不同的"正义观"，但经过不断的辩论与反思，人们能在一定限度内，达成某种对于"正义"原则是什么的共识。当一个社会有效地受到一种公共的正义观调节时，它就是一个良序社会。

公共性（Publicity）：在罗尔斯看来，原初状态下的各方是为一个公共的正义观而选择原则的，公共性的目的是使各方把各种正义观作为被公共承认的和充分有效的社会生活道德法典来评价它们。

公民不服从（Civil disobedience）：一种公开的、非暴力的、既是良心的又是政治性的对抗法律的行为，其目的通常是使政府的法律或政策发生一种改变。

公平（Fairness）："公平"指的是一个平等而自由的签约状态。参见"作为公平的正义"词条。

公平机会的平等（Equality of fair opportunity）：在社会的所有部分，对每个具有相似动机和禀赋的人来说，都应当有大致平等的教育和成就前景。那些具有同样能力和志向的人的期望，不应当受到他们的社会出身的影响。

孤立问题（Isolation problem）：每个人都依据"自我利益最大化原则"孤立地进行选择，而选择的最终结果往往事与愿违——每个人的利益都受到损害。

古典功利主义（Classical utilitarianism）：社会制度的安排使得社会整体的功利最大化，也被称为总额功利主义。在思想史上，边沁、休谟和亚当·斯密等思想家都支持古典功利主义原则。

H

好斗行为（Militant action）：相比于"公民不服从"，"好斗行为"是与相关法律更为对立的、诉诸暴力的行为。好斗行为在更深刻的意义上反抗现行的政治制度，他可能不承认现存的政治制度是一个接近正义或合理的政治制度；他相信，现存制度或者大大偏离了他所信奉的原则，或者完全是在追求一个错误的正义观。参见"公民不服从"词条。

后悔（Regret）：一个有理性的人不会在实现了预期的结果后变得对它如此反感，以致后悔当初遵循了那个计划。但是，"不后悔"并不构成理性生活计划的充分条件。因为，事实上有可能存在另一个更好的计划，只是由于知识和信息所限，行为者并没有选择那个更好的计划。参见"自责"词条。

互惠（Reciprocity）："互惠"是一种以善报善的观念，是一种深刻的心理学事实。罗尔斯认为，在一种合作机制中，当一些人的所得以另一些人的损失为代价的时候，这个合作就不再是"互惠"的。在社会合作中，差别原则是互惠的社会合作的公平条件，而不是"双方期望的加权均值最大化"。

互助的义务（Duty of mutual aid）：对行为者来说在牺牲和危险并不是很大的情况下，去做对另一个人来说是好的，尤其是使他免于巨大危害或伤害的行为，是一个由互助原则所要求的自然义务。

J

机会平等（Equality of opportunity）：在对资源的竞争中，所有社会成员拥有同等的机会以达到较优的竞争结果。

基本善（Primary good）：一个理性的人无论他想要别的什么都需要的东西，是任何人实现自己的理性生活计划都需要的一些必要条件。"基本善"包括：较好的智力、强壮的身体、权利、财富和机会，等等。其中"较好的智力"和"强壮的身体"是自然的基本善，而其余的则是社会的基本善。

基本自由（Basic liberties）：罗尔斯正义理论中的第一个正义原则是：每个人对与其他人所拥有的最广泛的平等基本自由体系相容的类似自由体系都应有一种平等的权利。罗尔斯将自由定义为：某人免除某种限制而做某事。基本自由包括：政治上的自由（选举和担任公职的权利）与言论和集会自由；良心的自由和思想自由；个人的自由——包括免除心理的压制、身体的攻击和肢解（个人完整性）的自由；拥有个人财产的权利；以及依照法治的概念不受任意逮捕和没收财产的自由。

嫉妒（Jealousy）：嫉妒在罗尔斯的正义学说中的含义是：希望别人比自己差，并且不希望别人变得更好、赶上自己的水平，嫉妒心理的极端就是幸灾乐祸。参见"妒忌"词条。

结果正义（Justice of result）：与程序正义相对，指某种程序之结果是否正义。罗尔斯依据程序正义与结果正义之间的关系区分了三种程序正义：完善的程序正义、不完善的程序正义和纯粹程序正义。

K

快乐主义（Hedonism）：快乐主义主张人是趋利避害的，人被快乐和痛苦所主宰。人生的目的就是追求快乐、避免痛苦，善、应当、道德也被快乐所定义。伊壁鸠鲁被认为是快乐主义的鼻祖，边沁版本的功利主义通常被看作快乐主义。

L

理性目标（Rational aims）：一个人的利益和目标是理性的，当且仅当，它们受一种计划所鼓励和规定的，而这种计划对他来说是理性的。

理性生活计划（Rational plan of life）：一个人的生活计划是理性的，当且仅当，（1）当这些计划全都适合于他的处境之相关特征时，它是一种与理性选择原则一致的计划，以及（2）它是满足了这个条件的这些计划中的一种计划，即它是基于充分的审慎理性而把它选择出来的，也就是说，他完全了解相关事实，并且仔细考虑了其后果。

理性选择原则（Principles of rational choice）：理性选择原则也被称为计算原则，它由三个次一级的原则组成。第一条，"有效手段原则"（principle of effective means）：人们应该采用能够以最好方式来实现自己的目的的手段。如果目的是给定的，那么就应该采用花费最小的手段来实现它；如果手段是给定的，那么就应该在最大可能的范围上实现相关目的。第二条，"蕴涵原则"（principle of inclusiveness）：如果有两个计划 A 和 B，其中 A 计划能够实现 B 计划所有的目标，而且还能实现其他一些目标，那么计划 A 比计划 B 更可取。第三条，"更大可能性原则"（principle of greater likelihood）：如果两个计划 A 和 B，对于行为者的某些目标来说，A 比 B 有更大的实现的可能；同时，其他目标实现的机会是相等的，那么 A 计划就比 B 计划更可取。

立法阶段（Legislative stage）：罗尔斯将正义原则从产生到最终形成规范社会秩序的政治制度的过程构想为四个阶段，分别是：在原初状态中选择正义原则、制宪会议、立法阶段、执法与守法。在立法阶段，人们所订立的法律不仅必须满足宪法所施加的种种限制，而且还必须满足两个正义原则。这就像通过"反思平衡"而找到对"原初状态"的恰当设定一样，人们在制宪会议和立法阶段之间，通过反复酝酿找到了最佳宪法。参见"制宪会议阶段"词条。

利己主义（Egoism）：利己主义者只关心自己的某种利益，例如，财富、威望、权力，等等。罗尔斯讨论了三种利己主义：第一人称的专制利己主义原则——每个人都要服从我；搭便车的利己主义原则——每个人都要交税，我可以不交；一般的利己主义原则——每个人都被允许做他判断最有可能推进他利益的任何行为。

利他主义（Altrusim）：与利己主义相对，利他主义者一心想要推进他人的利益。罗尔斯认为，功利主义理论中的同情的观察者就是一个利他主义者。古典功利主义原则要求人们成为利他主义者，这是对人们提出了苛刻的道德要求。参见"中立的同情的观察者"词条。

链式联系（Chain connection）：如果一种利益提高了最底层人们的期望，它也就提高了其他所有各层次人们的期望。

良心的拒绝（Conscientious refusal）：良心拒绝是一种拒绝执行相关法令的抗议形式。与公民不服从不同，良心拒绝不是一种诉诸多数人的正义感的请愿形式，并不必然建立在政治原则上；它可能建立在那些与宪法秩序不符合的宗教原则或其他原则上。参见"公民不服从"词条。

良心的规避（Conscientious evasion）：拒绝执行相关法令并隐藏自己对法律的不服从。

良序社会（Well-ordered society）：一个由公共的正义观主导的社会：（1）每个人都接受也知道别人接受同样的正义原则；（2）基本的社会制度普遍地满足也普遍为人所知地满足这些原则。参见"公共的正义观"词条。

两种不稳定性（Two kinds of instability）：引发正义秩序不稳定的两大因素：一是从自我利益的观点来看，每个人都想减少他的分配责任；二是对别人忠诚的担忧。这两种因素会带来正义秩序的两种不稳定性。第一种不稳定性：即使人们确信其他人都会遵守正义原则，确信其他人会负担自己在正义的社会分配中应尽的一份责任，也可能有人想要逃避自己的那一份责任。这种人就是公共秩序中的"搭便车者"。"搭便车者"的存在会大大破坏正义秩序的稳定。第二种不稳定性：如果"搭便车者"达到一定的数量，人们就会开始怀疑其他人对于正义原则的忠诚，而这将从根本上瓦解一种正义秩序及其相应的社会制度。

P

配给正义（Allocative justice）：仅从对某些物品的分配来考虑正义问题，而不是结合这些物品的生产过程，从社会的基本结构来考虑正义问题。

Q

前途向才能开放（Careers open to talents）：指的是给予具有相同才能的人同等的机会，在分配资源和各种教育与职业的机会时，不考虑人们的出身、种族、裙带关系、经济条件、性别、相貌等与才能无关的因素。这是一种较低限度的机会平等理论。

权威的道德（Morality of authority）：如果一个人在亲人的关怀和爱中长大，那他就能习得爱和同情的能力。同时，这个在家庭中被孩子爱戴的家长自然地充当了一种道德权威，其言传身教将使孩子养成相应的道德情操。当孩子违背了家长的教诲时就会产生负罪感。而且，即使没有惩罚，孩子也会按照家长所要求或期望的去做。罗尔斯将孩子在这一阶段形成的道德称为权威的道德。

R

人际比较（Interpersonal comparison）：对不同人的福利水平、能力或财富进行比较。由于人们的价值观念、生活计划、将财富转化为福利的能力等方面的巨大差异，人际比较变得非常困难。罗尔斯引入了"基本善"的概念解决人际比较的困难。参见"基本善"词条。

S

善（Good）：某物所具有的、有助于理性（rational）目标之实现的性质。

善的弱理论（Thin theory of good）：罗尔斯将善的理论分为善的弱理论和善的强理论两个部分。其中，善的弱理论包括两个部分的内容：一是对工具意义上的"善"进行定义；二是对理性目标进行规定，具体是通过理性选择原则对"理性生活计划"进行规定。

善的强理论（Full theory of good）：可译为"善的充分理论"。在善的强理论中，罗尔斯试图建构出更充分的道德学说。他借助人们在原初状态中所订立的正当原则深入探讨了"道德价值"的含义，并对人们的道德行为以及缺乏道德价值的行为进行了分析。例如，对于"善行""慈善""分外行为"的讨论；以及对于"不正义的人""坏人""恶人"的讨论，等等。

社会基本结构（Basic structure of society）：罗尔斯将社会基本结构作为正义的首要主题，即社会主要制度分配基本权利和义务，决定由社会合作产生的利益之划分的方式。所谓主要制度指的是政治宪法和主要的经济和社会安排。例如：对于思想和良心自由的法律保护、竞争市场、生产资料的私人所有、一夫一妻之家庭，等等。

社团的道德（Morality of association）：在亲人之爱基础上形成的道德在一种正义的社会安排中转变为对共同体中其他人的友好情感和信任。在道德形成的第二阶段，人们发展出一种适合于个人在不同交往中的角色的道德情操，以确保所有人都从这种交往活动中受益，而且确保所有人都知道他们正在从中受益。罗尔斯将第二阶段的道德称为社团的道德。参见"权威的道德"词条。

审慎的理性（Deliberative rationality）："审慎的理性"是行为者在下述条件下做出的理性选择：（1）准确无误地知道与理性计

划相关的事实；（2）了解自己的真实欲望；（3）确切地知道决定可能带来的所有后果；（4）行为者所作的推理和计算没有任何错误。

实质正义（Substantial justice）：与"形式正义"相对，实质正义指的是制度或法规的内容符合平等待人等道德标准。罗尔斯认为，"形式正义"和"实质正义"是对于一项制度是否正义的两种不同的判断标准。"形式正义"要求执法者在执法过程中一视同仁、"类似情况类似处理"，但这并不足以保证该制度的"实质正义"。因为，一项制度的普遍而严格的执行并不能保证其内容的正义。形式正义和实质正义规定的是正义的不同方面，对制度提出了独立的正义要求。参见"形式正义"词条。

四阶段序列（Four-stage sequence）：罗尔斯将正义原则从产生到最终形成规范社会秩序的政治制度的过程构想为四个阶段，分别是：在原初状态中选择正义原则、制宪会议、立法阶段、执法与守法。

W

完全正义（a Perfectly just scheme）：对状况较好的人的任何改变都不可能再增进状况最差的人的利益。也就是说，当一个社会达到完全正义时，最不利者的利益达到最大化。

完善的程序正义（Perfect procedural justice）：人们对结果是否正义存在独立于程序的判断标准，而且能够设计出一个程序以实现结果正义。"分蛋糕"是完善的程序正义的经典例子。参见"不完善的程序正义"词条。

完善论（Perfectionism）：完善论是这样一种理论，它在不同的善观念和生活方式之间并非保持中立，而是特别鼓励或赞同某一种价值体系及其相应的生活方式，并认为人们只有在这种特定的生活方式中才能达到卓越和尽善尽美。罗尔斯以尼采的思想为例来解释完善论的特征：尼采时常赋予如苏格拉底、歌德等伟人的生命以一种绝对的重要性；人类必须不断地努力创造伟大的个体；人们通过为最高种类的善工作来赋予生命以内在价值；等等。

稳定性（Stability）：罗尔斯将人们拥有的正义感作为政治制度稳定性的基础。参见"正义感"词条。

无知之幕（Veil of ignorance）：为了排除人们产生冲突的因素，使人们在正义原则的问题上更容易达成共识，并防止人们将原则修剪得适合于自身的目的。罗尔斯在原初状态中引入"无知之幕"。在"无知之幕"的遮蔽下，人们不知道下述信息：第一，没有人知道自己的社会地位、阶级出身、天生资质、自然能力的程度、理智和力量的情况；第二，人们也不知道自己的善观念、合理的生活计划，甚至不知道自己的心理特征：如讨厌冒险、乐观或悲观；第三，人们不知道他们所在社会的经济或政治状况，以及它能达到的文明和文化水平；第四，人们也没有任何关于他们属于什么世代的信息。

X

相关的社会地位（Relevant social positions）：人们可能处于社会中的任何位置（position），他们可能是一个农场主、一个大学教授、一个工厂工人……其中，每个人都有两种地位是与正义的两原则相关的，这就是：平等公民地位和在收入与财富分配中的地位。

相互冷淡（Mutual disinterest）：罗尔斯假设在原初状态下，人们具有相互冷淡的理性。其含义是：各方既不想赠送利益也不想损害他人，他们不受爱或凤愿的推动。他们也不寻求相互亲密，既不嫉妒也不虚荣。他们努力为自己寻求一种尽可能高的绝对得分，而并不去希望他们的对手的一个高或低的得分，也不寻求最大限度地增加自己的成功和别人的成功之间的差距。

效率原则（Principle of efficiency）：由意大利经济学家帕累托提出的"效率原则"是经济学中一种常用的、判断某种制度结构是否可取的原则，其含义是：一种结构，当改变它以使一些人

（至少一个）状况变好的同时不使其他人（至少一个）状况变坏时，这种结构就是有效率的。

形式正义（Formal justice）："形式正义"要求执法者在执法过程中一视同仁、"类似情况类似处理"。参见"实质正义"词条。

需要（Need）：罗尔斯认为，政府在确定一个社会的最低受惠值时，必须把"需要"的内容考虑进来，并确定相应的社会背景下应达到的最低福利水平。"需要"向人们提出了不同于竞争性分配机制的要求。

Y

亚里士多德主义原则（Aristotlian principle）：如其他条件相同，人们以运用他们已经获得的能力（天赋的或从教育中获得的能力）为快乐，能力越是得到实现，或所实现的能力越是复杂，这种快乐就越增加。人们做某事越熟练，从中获得的快乐就越大，在两件他们能做得同样好的活动中，他们更愿选择需要做更复杂和微妙的分辨力的活动。

严格服从（Strict compliance）：罗尔斯的正义学说包括理想理论（Idea theory）和非理想理论（Nonideal theory）两个部分。其中，理想理论部分讨论的是人们如何在原初状态中选择出恰当的正义原则，并通过制宪会议和立法阶段一步步构建出一个完全正义的秩序体系。在如此建构的政治体系中，人们将严格服从正义的法律和政策。严格服从是理想理论的特征。

英才统治的社会（Meritocratic society）：所谓的"英才统治的社会"指的是，遵循"前途向才能开放"的竞争机制的社会。在这样的社会中，人们凭着自身的才能而获取各种社会资源和较优的机会。其显著特征是贫富差距的加大，以及上层阶级与下层阶级之间的疏离：较贫困阶层的文化枯萎凋零，统治和技术的精英的文化则牢固地建立在服务于国家的权力和财富的基础上。机会平等仅意味着一种使较不利者在个人对实力和社会地位的追求中落伍的平等机会。

优先规则（Priority rules）：所谓"优先规则"指的是规定不同正义原则的先后顺序的规则。罗尔斯的正义理论中有链条优先规则：第一条优先规则（自由的优先性）：两个正义原则应以词典式次序排列，因此，自由只能为了自由的缘故而被限制。第二条优先规则（正义对效率和福利的优先性）：第二个正义原则以一种词典式次序优先于效率原则和最大限度追求利益总额的原则；公平机会优先于差别原则。

原初状态（Original position）：原初状态是订约各方签订契约的公平状态。在这一状态中，人们平等而自由，所有人在选择原则的过程中都有同等的权利，每个人都能参加提议并说明接受它们的理由。并且，所有人都在"无知之幕"之后。参见"无知之幕"词条。

原则的道德（Morality of principles）：在确知为正义的社会制度中，对同胞的信任和友好情感转变为正义感。罗尔斯将此阶段形成的道德称为原则的道德。参见"权威的道德""社团的道德"词条。

Z

正当（Right）：罗尔斯将通过原初状态而确定的正当原则称为"作为公平的正当"（rightness as fairness）。罗尔斯所说的属于正当范畴的原则有三类：适用于国际法的正当原则、适用于社会制度的正当原则（正义原则）、适用于个人的正当原则。其中，适用于个人的正当原则是：有理性的人在公平的签约状态下将会给个人行为设定的限制。罗尔斯认为，适用于个人的正当原则包括"公平原则"和"自然义务"。一方面，"公平原则"向人们提出了"职责"（obligation），要求人们履行制度的规范所确定的职责；另一方面，"自然义务"向人们提出了各种道德义务（duty），包括维护正义、相互尊重、相互帮助、不残害他人等道德义务。

正当的优先（Priority of right）：罗尔斯认为，契约论的理论结构决定了，在作为公平的正义学说中，正当是优先于善的。在伦理学中，认为"正当"与"善"有各自独立的含义，并且认为"正当"优先于"善"的伦理学理论被称为"义务论"或"道义论"；相反，以"善"定义"正当"，并且认为"善"优先于"正当"的伦理学理论被称为"目的论"。罗尔斯的正义学说和功利主义学说分别是"道义论"和"目的论"的重要代表。

政府的四个部门（Four branches of the government）：罗尔斯认为，可以依据政府的四种不同功能而将政府划分为四个部门：配置部门、稳定部门、转让部门和分配部门。配置部门的主要任务是保证价格体系的有效竞争，并防止不合理的市场权力的形成。稳定部门的任务是实现充分就业，使想找工作者均能找到工作，使职业的自由选择和财政调度得到强有力的有效需求的支持。配置部门和稳定部门的协同作用将维持市场经济的总体效率。转让部门的职责在于确定最低受惠值，并通过相关政策措施补助收入处于该最低受惠值以下的社会成员。分配部门的任务是通过税收和对财产权的必要调整来维持分配份额的一种恰当正义。分配部门的任务是通过两条路径完成的。一方面是征收一系列遗产税和馈赠税；另一方面则是建构一个针对收入的税收体系。

正义的概念（Concept of justice）："正义"就是一种在人类合作体系中划分基本的权利和义务、利益和负担的原则。

正义的观念（Conception of justice）：每个人对于正义原则应该是什么都有自己的看法，可能出现各种各样的主张。罗尔斯将人们所持有的关于正义的不同看法称为每个人的"正义观"（Conception of justice）。所以说，正义的"概念"是唯一的，而正义的"观念"却是杂多的。每个人对于"正义"的理解不同，最终形成的"正义观"也不同。

正义的储存原则（Just savings principle）：原初状态中选择的

正义原则能够恰当地考虑不同世代的利益。罗尔斯认为，人们应当通过指明他们认为自己有权向他们的父亲与祖父要求什么，来确定他们该为他们的子孙留存多少。以这样的方式人们能够确定应该将多大比例的社会资源用于储存，这被称为正义的储存原则，即每一代都从前面的世代获得好处，而又为后面的世代尽其公平的一份职责。

正义的环境（Circumstance of justice）：罗尔斯将正义的环境归结为客观和主观两个方面，这就是客观环境中的"中等匮乏"条件和主观环境中的"相互冷淡"的条件。在客观环境方面，罗尔斯认为，许多人生活在一个特定区域，他们在自然和精神方面的能力都大致相同。同时，在人们生活的大部分领域都存在"中等匮乏"。对于主观环境，罗尔斯认为：一方面，所有人都有大致相近的需求和利益；另一方面，人们的生活计划又各自不同，并且人们是"相互冷淡"的。参见"中等匮乏"和"相互冷淡"词条。

正义感的善（The good of the sense of justice）：正义感内在于人性之中，是道德人的本质特征。罗尔斯认为，人们做正义的事的欲望并不是对任何专断的道德权威或道德原则的盲目服从，而是与人们自身的理性目标紧密相关的。在一个良序社会中，人们遵循正义原则而行事，这与个人生活的理性计划是一致的。

制宪会议阶段（Stage of constitutional convention）：在制宪会议中，人们作为制宪会议的代表，将依据两个正义原则确定一个正义的政治结构并制定一部宪法。这部宪法将为政府的立宪权力与公民的基本权利划定界限。在制宪会议阶段，"无知之幕"被部分地开启，人们除了解社会理论原则之外，现在还知道了有关社会的一般事实，即社会的自然环境、资源、社会经济发展和政治文化的水平等。

中等匮乏（Moderate scarcity）：所谓"中等匮乏"指的是：自然的和其他的资源并不是非常丰富以致使合作的计划成为多余，同时条件也不是那样艰险,以致有成效的冒险也终将失败。亦即,物质条件的限制使得人们必须而且也能够合作。各种资源的"中等程度的匮乏"保证了人们合作的必要性和可能性。

中立的同情观察者(Impartial sympathetic spectator):同情观察者是功利主义的一个理论设置。依据亚当·斯密的说法,假如一个拥有所有有关的环境知识、有理性的和不偏不倚的理想观察者将从一种普遍的视角赞成某一事物,比方说赞成一个社会体系,那么这一体系就是正当的。

自律(Autonomy):人们按照他们在最好地表达着他们作为自由平等的理性存在物的本性的条件下将会承认的那些原则而行动。

自然的贵族制(Natural aristocracy):在自然的贵族制体系中,正义的第二个原则的解释采取的是"差别原则"和"前途向才能开放"。在这样的分配正义观念中,社会并不对人们不平等的社会境况做任何补助性的调整,但是,具有较高的自然禀赋的人们的利益将被限制在有助于社会的较贫困部分的范围之内。

自然的自由体系(System of natural liberty):在自然的自由体系中,第二个正义原则的第一部分被解释为效率原则,第二部分被解释为"前途向才能开放"的机会平等。亦即,在自然的自由体系中,满足了效率原则的、其中各种地位是向所有能够和愿意去努力争取它们的人开放的社会基本结构,将达致一种正义的分配。

自由的优先性(Priority of liberty):自由只能为了自由的缘故而被限制。

自由主义的平等(Liberal quality):在自由主义的平等体系中,第二个正义原则的第一部分被解释为效率原则,第二部分被解释为"公平机会的平等"。这是一种更深层次的机会平等观念,旨在保证在社会的所有部分,对每个具有相似动机和禀赋的人来说,都有大致平等的教育成就和前景。

自责(Remorse):"不自责"是罗尔斯给出的如何判断一个人

的生活计划是不是理性的生活计划之标准。一个理性的人总是使自己这样的行动，以便无论事情后来会变得如何他都永远不需要责备自己。由于他把自己看作一个经历时间的连续存在物，他就能够说，在他的生命的每一个时刻他都做到了理性的平衡所要求的或至少所允许的一切。

最大最小规则（Maximin rule）：按选择对象可能产生的最坏结果来排列选择对象的次序，然后采用最坏结果优于其他选项的最坏结果的选择对象。

最小受惠者（Least advantaged class）：罗尔斯将在下述三个方面或其中一两个方面不走运的人当作"最小受惠者"的代表：这个群体包括那些其家庭与阶级出身比别人较不利的；其（被实现的）天赋使他们所得甚少；在其生命历程中的运气又较差而使他们更为不幸的人。罗尔斯具体论述了应该如何确定"最小受惠者"：一种可能的办法是选择一种特定的社会地位，比方说不熟练工人的地位，然后把所有那些与这一群体同等或收入和财富更少的人们与之合在一起算作最不利者。另一个办法是仅仅通过相对的收入和财富而不管其社会地位来确定。这样，所有达不到中等收入和财富一半的人都可以算作最不利的阶层。这一定义仅仅依赖于分配中较低的一半阶层，有使人集中注意最不利者与居中者相隔的社会距离的优点。这一距离是较不利的社会成员的境况的一个本质特征。

作为公平的正义（Justice as fairness）：正义原则是人们在一个公平的签约状态中将会选择的原则。

参考文献

1. 罗尔斯本人的著作及翻译

John Rawls, *A Theory of Justice*, Cambridge, M. A.: Harvard University Press, Revised Edition, 1999.

John Rawls, *Political Liberalism*, New York: Columbia University Press, Paperback Edition, 1996; Second edition, 2005.

John Rawls, *Collected Papers*, S. Freeman (ed.), Cambridge, M. A.: Harvard University Press.

John Rawls, *Justice as Fairness: A Restatement*, E. Kelly (ed.), Cambridge, M. A.: Harvard University Press.

[美]约翰·罗尔斯:《正义论》,何怀宏、何包钢、廖申白译,中国社会科学出版社1988年版。

[美]约翰·罗尔斯:《正义论》(修订版),何怀宏、何包钢、廖申白译,中国社会科学出版社2009年版。

[美]约翰·罗尔斯:《作为公平的正义:正义新论》,姚大志译,中国社会科学出版社2011年版。

[美]约翰·罗尔斯:《政治自由主义》,万俊人译,译林出版社2011年版。

[美]约翰·罗尔斯:《罗尔斯论文全集》,陈肖生等译,吉林出版集团有限责任公司2013年版。

2. 英文研究文献

Abbey, R. (ed.), *Feminist Interpretations of John Rawls*, University Park, P. A.: Penn State University Press, 2013.

Audard, C., *John Rawls*, Montreal: McGill-Queen's University Press, 2007.

Brooks, T., Nussbaum, M. (eds.), *Rawls's Political Liberalism*, New York: Columbia University Press, 2015.

Daniels, N. (ed.), *Reading Rawls: Critical Studies on Rawls' A Theory of Justice*, New York: Basic Books, 1975. Reissued with New Preface, 1989.

Freeman, S. (ed.), *The Cambridge Companion to Rawls*, Cambridge: Cambridge University Press, 2003.

——, *Rawls*, London: Routledge, 2007.

John C. Harsanyi, "Can the Maxmin Principle Serves as a Basis for Morality?" *American Political Science Review*, Vol. 69, 1975, pp. 594 – 606.

H. L. A., *Rawls on Liberty and Its Priority*, The University of Chicago Law Review, Vol. 40, No. 3, 1973.

Hinton, T. (ed.), *The Original Position*, Cambridge: Cambridge University Press, 2015.

Hobbes, T., *Leviathan; page reference is to the 1994 edition*, E. Curley (trans.), London: Hackett, 1651.

Kukathas, C. (ed.), *John Rawls: Critical Assessments of Leading Political Philosophers*, Vol. 4, London: Routledge, 2003.

E. A. Lind and T. R. Tyler, *The Social Psychology of Procedural Justice*, New York and London: Plenum Press, 1988.

Lovett, F., *Rawls's A Theory of Justice: A Reader's Guide*, London:

Continuum, 2011.

Maffettone, S. , *Rawls: An Introduction*, London: Polity, 2011.

Mandle, J. , *Rawls's A Theory of Justice: An Introduction*, Cambridge: Cambridge University Press, 2009.

Mandle, J. , Reidy, D. (eds.), *The Camridge Rawls Lexicon*, Cambridge University Press, 2015.

Mandle, J. , Reidy, D. (eds.), *A Companion to Rawls*, Chichester: John Wiley & Sons, 2013.

——, *The Cambridge Rawls Lexicon*, Cambridge: Cambridge University Press, 2014.

Gerald C. MacCallum, "Negative and Positive Freedom", in *Philosophical Review*, Volume: 76, 1976.

Miller, David, *Principles of Social Justice*, Harvard University Press, 1999.

Moor, G. E. , *Principia Ethica*, Cambridge University Press, 1993.

Norman Frohlich, Joe A. Oppenheimer, Cheryl L. Eavey, "Laboratory Results on Rawls's Distributive Justice", *British Journal of Political Science*, Vol. 17, No. 1, Jan. , 1987, pp. 1 – 21.

Nozick, R. , *Anarchy, State, and Utopia*, New York: Basic Books, 1974.

Oleson, Paul. , *An experimental examination of alternative theories of distributive justice and economic fairness*. Ph. D. diss. , University of Arizona, 2001.

O'Neill, M. , Williamson, T. (eds.), *Property-Owning Democracy: Rawls and Beyond*, Chichester: John Wiley & Sons, 2012.

Parfit, Derek, "Equality and Priority", Ration (new serious), X3December 1997 0034 – 006, pp. 202 – 221.

Pogge, T. , *Realizing Rawls*, Ithaca, NY: Cornell University Press,

1989.

——, *John Rawls: His Life and Theory of Justice*, Oxford: Oxford University Press, 2007.

Richardson, H., Weithman, P. (eds.), *The Philosophy of Rawls: A Collection of Essays*, Vol. 5, New York: Garland, 1999.

Robert S. Taylor, "Rawls's Defense of the Priority of Liberty: A Kantian Reconstruction", *Philosophy & Public Affairs*, Vol. 31, No. 3, Summer, 2003.

Sibley, W. M., "The Rational Versus the Reasonable", *The Philosophical Review*, Vol. 62, No. 4, 1953.

Thibaut, J., Walker, L., *Procedural Justice: A Psychological Analysis*, Hillsdale, N. J.: Erlbaum, 1975.

Voice, P., *Rawls Explained: from Fairness to Utopia*, Chicago: Open Court, 2011.

Young, S. (ed.), *Reflections on Rawls: An Assessment of His Legacy*, London: Routledge, 2016.

3. 中文研究文献

葛四友:《分配正义新论:人道与公平》,中国人民大学出版社2019年版。

龚群:《罗尔斯政治哲学》,商务印书馆2006年版。

何怀宏:《公平的正义》,山东人民出版社2002年版。

李石:《平等理论的谱系——西方现代平等理论探析》,中国社会科学出版社2018年版。

刘莘:《〈正义论〉导读》,四川人民出版社2019年版。

姚大志:《罗尔斯》,长春出版社2011年版。

杨伟清:《正当与善:罗尔斯思想中的核心问题》,人民出版社2011年版。